POLYGLOTT on tour

Franz-Josef Krücker

Vietnam

Top 12

besonderer Tipp

Warnung

Info

Hinweis

Restaurant

Unterkunft

Nightlife

Shopping

Literatur

POLYGLOTT-Top 12 Umschlagklappe vorne

Specials

Allgemeines

Städtebeschreibungen

Touren

Tour 3

Tempel und Paläste

Seite 77

Mit dem Wolkenpass überqueren Sie die Wetterscheide. Auf den Spuren des Volkes der Cham wandeln Sie im Museum von Da Nang und im Tempeltal von My Son.

Tour 4

Das Mekong-Delta

Seite 83

Sie können fünf Tage lang durch grüne Felder fahren und dabei in die üppige tropische Vegetation und den Alltag der Menschen am Ufer des Mekong eintauchen.

Tour 5

Hochland, Strand und Cham-Türme

Seite 89

Angenehm ist das Klima in der Hochebene um Da Lat. Strandleben wartet in der Küstenstadt Nha Trang auf Sie. Und Kulturbeflissene schauen sich die Cham-Türme an.

Drei Tage lang feiert man Tet – das Neujahrsfest

Bildnachweis

Nicole Häusler: 2, 6, 9, 13, 26, 31, 38, 58, 60, 74, 77, 81, 85, 88, 93, Umschlagrückseite (unten); Volkmar Janicke: 12, 33, 35, 49, 69-2, 71, 75, 82, 92, 94-1, 94-2; Sabine von Loeffelholz: 19, 39, 80, 95, Umschlagrückseite (oben); Renate Loose: 53, 55; Martin H. Petrich: 5, 8, 10, 11, 16, 24, 36, 43-1, 65, 67, 69-1, 72; Dirk Renkhoff: 28, 90; Ullstein Bilderdienst/Camera Press Ltd.: 43-2; Titelbild: IFA Bilderteam/TPC.

Scharf, mild, bitter und süßlich

Wie die Chinesen schneiden die Vietnamesen alle Zutaten klein und dämpfen, braten oder kochen sie dann nur kurz. Man isst mit Stäbchen aus einer Schale. Als Grundlage zum Sattwerden gibt es meist Reis, aber auch Nudeln. Dazu bestellt oder kocht man verschiedene Beilagen, teils scharf, teils mild, teils bitter, teils süßlich. Im Gegensatz zu China isst man in Vietnam Grünzeug auch roh, wie zum Beispiel Salat. Und zum Würzen stellt man frischen Koriander auf den Tisch, dazu Minze oder andere Kräuter und – unabdingbar – die vergorene Fischsauce *nuoc mam*.

Kleine Restaurants und Essensstände finden Sie:

- in der Umgebung des Hoan-Kiem-Sees und der Kathedrale in **Hanoi**
- in den Märkten und der jeweiligen Umgebung in **Ho-Chi-Minh-Stadt**
- in den Markthallen von **Hue** und **Hoi An** jeweils am Fluss
- in der Umgebung des Marktes von **Nha Trang**

Klein, aber gut

Ein kleines Restaurant zu eröffnen war für viele Vietnamesen der erste Schritt in die Unabhängigkeit. Vor allem ältere Frauen stellen ihre Kochkünste zur Verfügung. Unterwegs an der Landstraße schaut man am besten einfach in die Töpfe und wählt aus dem aus, was gerade da ist. In den Städten gibt es in den meist überdachten Märkten Stände, die Leckeres anbieten; auch hier wählt man einfach durch Zeigen. Zudem wandern Frauen mit Tragestangen und Körben umher, die einfache Speisen schon zu Hause zubereitet haben und nun für ein paar Dong verkaufen. Aus hygienischen Gründen sollte man nur gut gekochte Gerichte probieren und zudem auf die Sauberkeit von Tellern, Schalen und Stäbchen achten. Zu den besten Gerichten an Essständen gehört die mit Sternanis und Zimt gewürzte Nudelsuppe *pho*, die die Vietnamesen gern zum Frühstück essen, weshalb sie in der Regel nur am Vormittag angeboten wird – in den Varianten Rindfleisch *(pho bo)* und Huhn *(pho ga)*.

Kleiner Essknigge

In Lokalen wartet man immer an der Türe, bis man vom Kellner oder der Empfangsdame zum Tisch geführt wird. Die Vietnamesen gehen am liebsten in größeren Gruppen essen, bestellen dann eine Vielzahl an Gerichten, von denen sich jeder etwas in seine Schale füllt. Niemals würde jemand ein Gericht nur für sich allein bestellen. Beim Bezahlen gilt immer: einer für alle. Man teilt Rechnungen nicht auf, sondern revanchiert sich mit einer Gegeneinladung. Nach dem Essen bricht die Gesellschaft schnell auf.

Kochkurs in Nha Trang

Wer sich vor Ort in die Geheimnisse der vietnamesischen Küche einweihen lassen möchte, kann dies im **Ana Mandara Resort** in Nha Trang tun. Die Grundlagen lernt man in der Kleingruppe von zwei bis maximal zehn Gästen in etwa drei Stunden an einem Nachmittag im Hotelrestaurant. Wer sich intensiver mit Zutaten und Zubereitungsarten beschäftigen will, kann dies mit dem Chefkoch vereinbaren. Er geht dann auch mit auf die Märkte und gibt Hinweise zu Fischen, Gemüsen und Gewürzen.

Essen

Reis – com
Gebratener Reis – com chien
Nudeln – mi
Nudelsuppe – pho
Schwein – heo
Rind – bo
Huhn – ga
Ente – vit
Fisch – ca
Shrimps – tom
Aal – luon
Gemüse – rau
Ei – trung

Früchte

Apfel – tao
Ananas – dua
Banane – chuoi
Kokosnuss – dua
Litschi – vai
Mango – xoai
Melone – dua
Pampelmuse – buoi
Papaya – du du

Ana Mandara Resort, 86 Tran Phu Boulevard, Nha Trang, Tel. 058/829829, Fax 829629, www.sixsenses.com.

Rezept: **Glasnudelsuppe mit Huhn (canh mien)** 10 g getrocknete Morcheln und 10 g getrocknete Tongku-Pilze (oder andere) mit kochendem Wasser übergießen und ca. 30 Min. ziehen lassen, dann abgießen, Stiele entfernen und Pilze in Stücke schneiden. Etwa 50 g Glasnudeln 10 Min. in heißem Wasser quellen lassen, abgießen und auf ca. 5 cm Länge schneiden. Ein kleines Suppenhuhn (ca. 800 g) waschen, enthäuten, ausnehmen und 15 Min. in 1,5 l Wasser kochen. Danach Hühnerfleisch ablösen und klein schneiden. Die Brühe in einen großen Topf geben, Hühnerfleisch, Nudeln, Pilze und eine klein gewürfelte Zwiebel hinzufügen, mit einem halben TL Salz, 2 EL *nuoc mam* (Fischsauce) pur abschmecken und weitere 15 Min. kochen lassen. Ggf. Fettschicht abschöpfen, damit Suppe klar bleibt. In die Suppenschalen füllen, mit frischem Koriander und frisch gemahlenem Pfeffer würzen und sofort servieren.

Vietnam hat eine mehr als 3000 km lange Küste. Zwei mächtige Ströme, der Rote Fluss im Norden und der Mekong im Süden, ergießen sich über weit verzweigte Delten ins Meer. Beide sind sehr fruchtbar, so dass in diesen Gegenden die Besiedlung recht dicht ist. Von hölzernen Ruderbooten, die meist im Heck mit langen Pinnen geschoben werden, über lange, schlanke Motorboote, tief liegende Reisbarken, mit altertümlichen dunklen Segeln bestückte Ausflugs- und Fischerboote in der Ha-Long-Bucht bis hin zu zahllosen Fähren und einer sehr aktiven Hochseeflotte bewegen sich Millionen von Vietnamesen jeden Tag auf dem Wasser. In vielen Teilen des Landes kann man sich als Reisender dieser meist entspannenden Fortbewegungsart anschließen.

Stimmungsvolle **Wasserwege**

Im Mekong-Delta

Schwimmende Märkte lassen sich von vielen Orten im Mekong-Delta erreichen, s. S. 84.

Das Delta ist Ausflugsziel vor allem von Saigon, Vinh Long und Can Tho. Man kann einfach ein oder zwei Tage auf verschiedenen Flussarmen fahren und Ausflüge zu Fischern, Obstfarmern und Fischfabriken unternehmen. Neuerdings gibt es auch Schiffsverbindungen zwischen Chau Doc und der kambodschanischen Hauptstadt Phnom Penh (Visum gibt es an der Grenze).

Mekong Star, Tan Nam Hai Co., 58 Mac Dinh Chi, Dist. 1, Saigon, Tel. 08/8236379, www.mekongstar.com. Die komfortabel ausgebaute Reisbarke pendelt mit maximal 8 Passagieren zwischen Saigon und My Tho; unterwegs mehrere Ausflüge. Die Tour von/nach Saigon oder My Tho dauert 1 1/2 Tage (eine Strecke per Bus, eine per Boot, jeweils eine Übernachtung an Bord).

Victoria Sprite Boat. Die Kette der meist im Kolonialstil erbauten Victoria Hotels, die es u. a. in Can Tho und Chau Doc gibt, betreibt ein Schnellboot, das jetzt bis nach Phnom Penh verkehrt. Fahrzeit Saigon – Can Tho ca. 4 Std., Can Tho – Chau Doc ca. 3 Std., Chau Doc – Phnom Penh ca. 4 Std. Derzeit kein regelmäßiger Fahrplan, sondern nach Passagieraufkommen (ab 5 Personen). Infos im Victoria Resort Can Tho (s. S. 85).

Blue Cruiser, 213 Ngo Tat To, Binh Thanh Dist., Saigon, Tel. 08/8892682, bluecruiser@hcm.vnn.vn, vermietet ebenfalls Schnellboote für die Fahrt zwischen Saigon und Can Tho.

In der Ha-Long-Bucht

150 km östlich der Hauptstadt Hanoi erstreckt sich das UNESCO-Weltnaturerbe, eine weite Bucht mit 3000 Inseln (s. S. 72). Keine Vietnamreise wäre komplett ohne eine ausgedehnte Bootstour, die in der Regel drei oder sechs Stunden dauert. Die Boote lassen sich vor Ort oder schon in Hanoi in praktisch allen Hotels, Reisebüros und Traveller-Cafés buchen.

Wer die Natur liebt und etwas mehr Zeit mitbringt, kann die Ha-Long-Bucht ganz abseits des Touristenrummels erleben: per Seekajak. Man paddelt unter Anleitung erfahrener, englischsprachiger Führer durch die Insellandschaft, erkundet nur bei Ebbe zugängliche Höhlen und kommt bei den längeren Touren auch in sehr einsame Gegenden. Einige Veranstalter bieten daher mehrtägige Bootstouren mit Übernachtung auf dem Schiff an.

Infos: **Inserimex Travel,** 90A Hai Ba Trung, Hanoi, Tel. 04/9364600 Ext. 226, www.inserimextravel.com.vn. **Buffalo Tours,** 9B-13 Hang Muoi, Hanoi, Tel. 04/8280702, www.buffalotours.com

Nha Trang

Die Hafen- und Strandstadt in Mittelvietnam bietet mit ihrer weiten Bucht und den darin gelegenen Inseln ideale Bedingungen für Bootsausflüge, zum Schnorcheln und Tauchen. Mittlerweile haben sich auch schon die ersten PADI-Tauchschulen an der Uferpromenade angesiedelt.

Wer es etwas abgelegener liebt, kann sich einige Tage auf einer Insel im **Whale Island Resort** einnisten: Übernachtung in Bungalows, Tauchschule mit zwei PADI-Lehrern, Schnorcheln, Windsurfen, Segeln mit Hobiecat, Seekajaks, Ausflüge zu anderen Inseln. Tel./Fax 058/840501.

Découvrir, 236 Nguyen Trong Tuyen, Saigon, Tel. 08/8458096, Fax 8440205, www.whaleislandresort.com.

Tay Son, 198 Vo Thi Sau, Dist. 3, Saigon, Tel. 08/8241708. Hier kann man sich auch die Herstellung in der Werkstatt ansehen.

Phuong Nam, 219 Nguyen Trai, Dist. 1, Saigon. Lackwaren und andere Holzprodukte.

Das meist aus China inspirierte Kunsthandwerk besitzt eine lange Tradition und wurde im Zuge der Wirtschaftsreformen zu neuem Leben erweckt. Während früher die Verschönerung von im Alltag verwendeten Gefäßen, Textilien und Geräten im Vordergrund stand und deshalb Waren von hoher Qualität produziert wurden, schätzt man heute Touristensouvenirs und das schnelle Geschäft. Sie sollten also die Qualität prüfen und eifrig um den Preis feilschen.

Seide, Lack und Lampions

Wer einige schöne Andenken kaufen und gleichzeitig behinderten Menschen helfen möchte, kann sich an das **Hong Ngoc Humanity Centre** wenden. In zwei Werkstätten werden vor allem Seidenmalereien und Stickereien, aber auch andere Souvenirs hergestellt.
Eine Werkstatt befindet sich in Hanoi, Nga Ba Chau Chui, Bezirk Gia Lam, Tel. 04/8273632, die andere auf halbem Weg zwischen Hanoi und der Ha-Long-Bucht, Sao Do Town, Hai Duong, Tel. 0320/882911.

Lackarbeiten

Lackarbeiten werden in China und Vietnam bereits seit Jahrhunderten produziert: Über einen Holzkern werden dabei zahllose Schichten eines Lacks aufgetragen, der aus dem Harz des Lackbaums (Rhus vernicifera) gewonnen und durch verschiedene Zusätze gefärbt wird.
Die beliebtesten traditionellen Farben sind Rot und Schwarz. Muster können durch Einritzen und Ausfüllen mit andersfarbigem Lack oder durch Bemalen erreicht werden. So wurden Dosen, Vasen, Becher, Tabletts, Essstäbchen und -schalen, ja selbst dekorativer Wandschmuck gestaltet. Derzeit scheint eine Welle japanischen Designs mit schlichten Formen und den Farben Schwarz, Gold und Silber über Vietnam zu schwappen.

Lam Son, 106 Nguyen Van Troi, Dist. 1, Saigon. Lackwaren, Gegenstände aus Holz und zahlreiche andere Souvenirs.

Dan Gian, 375 Kim Ma, Hanoi. Lackwaren und Souvenirs.

Moderne Malerei

Während früher Künstler unter dem Diktat der Partei standen, können sie sich heute weitgehend frei entfalten. Dies hat zu einer beträchtlichen Vielfalt an Motiven, Techniken und Stilen geführt. Vor allem in Hanoi sind eine ganze Reihe ambitionierter Galerien entstanden. Wer nicht gleich ein Gemälde kaufen will, findet zumindest einige schöne Grußkarten.

Handwerkerdörfer bei Hanoi

In früheren Jahrhunderten haben sich einzelne Dörfer in der Umgebung der Hauptstadt auf bestimmte Handwerke spezialisiert. Im Dorf **Dong Ho**, östlich von Hanoi, abseits der N5, werden noch auf ganz traditionelle Weise Neujahrsbilder hergestellt. Das handgeschöpfte Papier wird zunächst mit einer Farbe aus zerstoßenen Muschelschalen grundiert und dann getrocknet. Danach bringt man mit handgeschnitzten Druckstöcken die Umrisse der Glück verheißenden Fische, Früchte oder Pflanzen auf. Anschließend werden die Flächen mit Naturfarben ausgemalt. Zu kaufen gibt es die Werke in den Monaten vor dem Tet-Fest. Als Töpfereidorf ist **Bat Trang** bekannt. Meist wird Porzellan in Formen gegossen und von Hand bemalt. Die Töpfer unterhalten zwei Läden in Hanoi (93 Ba Trieu und 65 Bat Trang).

- **Apricot Gallery,** 40B Hang Bong, Hanoi, Tel. 04/8288965.
- **Blue Sun Gallery,** 29 Hang Trong, Hanoi, Tel. 04/8285330.
- **Codo Gallery,** 46 Hang Bong, Hanoi, Tel. 04/8258573, www.codogallery.com.
- **Thang Long Gallery,** 13-15 Hang Gai, Hanoi, Tel. 04/8250740.

Wer Lampen und Lampions aus Papier und Stoff schätzt, sollte sich auf der Duong Tran Phu in **Hoi An** umsehen. Sie sind meist in warmen Rot- und Orangetönen gehalten und werden in zahlreichen Geschäften angeboten.

Vietnam – der fünfte Tiger?

Ein Land in Aufbruchstimmung. Seit die Sowjetunion und mit ihr der Wirtschaftsblock Comecon zusammenbrach, treibt Vietnam seine eigene Reformpolitik unter dem Namen *doi moi* voran. Die Amerikaner behielten ihre Boykottpolitik bis 1994 bei und die Europäer waren wieder einmal mit sich selbst beschäftigt. Doch die asiatischen Nachbarn investierten gerne in das geschäftige Land, das nach den Erfolgsstorys aus Korea, Taiwan, Hongkong und Singapur zum fünften asiatischen Tigerstaat heranwachsen sollte.

Reisterrassen im Bergland des Nordens

Seitdem schwankt Vietnam zwischen den Extremen. Einerseits ist Privatisierung gefragt und viele wollen sich eine neue Existenz aufbauen, sei es auch nur ein kleines Restaurant oder eine Werkstatt. Andererseits will die Partei die Kontrolle über die Wirtschaft und die Menschen nicht verlieren und steht deshalb viel zu oft auf der Bremse. Vor allem die alten Bürokratien sperren sich gegen alle Neuerungen.

Mit den bereits erzielten Erfolgen zogen aber auch neue Probleme ins Land. Die Arbeitslosigkeit ist hoch und steigt mit der schnell wachsenden Bevölkerungszahl weiter an. Die Regierung empfiehlt den Familien, nur ein Kind zu bekommen, doch dies rüttelt an den Traditionen der Gesellschaft. Die sozialen Unterschiede vergrößern sich, der Reichtum ist ungleich verteilt, die Städte gewinnen, die entlegenen, sowieso schon benachteiligten Gebiete verlieren weiter. Es droht eine große Flucht in die heute schon stark besiedelten Ballungsgebiete.

Doch nach den vielen Jahren des Krieges wollen sich die Menschen ein neues Glück schaffen und werden mit ihrer bekannten Zähigkeit die vielen Hindernisse wohl überwinden. Deshalb wird auch aus dem Tigerbaby vielleicht doch noch eine ausgewachsene Großkatze.

Landschaften

Vietnam wird häufig mit einer durchgebogenen Tragestange aus Bambus verglichen, an deren Enden zwei Reiskörbe hängen – ein Bild für die Form des Landes als lang gezogenes S; die

Das fruchtbare, weit verzweigte Mekong-Delta im Süden des Landes

Reiskörbe sind die beiden fruchtbaren Tiefebenen im Norden und im Süden. Fast 1700 km misst Vietnam von Nord nach Süd, nur 50 km an der schmalsten Stelle von West nach Ost, von der laotischen Grenze zum Südchinesischen Meer. Den Norden, das ursprüngliche Siedlungsgebiet der Viet, durchzieht der im chinesischen Yunnan entspringende **Rote Fluss** (Song Hong), der seinen Namen von den rötlichen Sedimenten erhielt, die er mit sich führt. Diese Sedimente erhöhen das Flussbett beständig, so dass seit alters her Deichbauten den Fluss kontrollieren müssen. Andererseits lassen sich die Sedimente gut als Dünger nutzen. Also durchziehen unzählige Bewässerungskanäle das Flussdelta und machen es zur Reiskammer des Nordens.

Gebirge

Die nördliche Landesgrenze zu China und der Nordwesten, der schon an Laos grenzt, werden vom Gebirgszug Hoang Lien gebildet, in dem mit dem **Phan Si Pan** (3143 m) der höchste Berg des Landes liegt. Diese einst vollständig von Wald bedeckte Region ist durch jahrhundertelange Abholzung und Brandrodung inzwischen völlig kahl, sodass die dort lebenden Bergvölker sich kaum noch selbst versorgen können.

Von Norden nach Süden bildet die 1200 km lange **Truong Son-Gebirgskette,** die vereinzelt bis auf 2500 m hinaufreicht, eine natürliche Grenze zu Laos und Kambodscha, die immer auch eine Kulturgrenze war. Nach Osten hin fällt dieses Gebirge in mehreren Stufen ab, zu einem Vorgebirge zunächst, dem zentralen Hochland, und dann zu einem schmalen Küstenstreifen. Auch das Hochland war einst von Wald bedeckt und weist heute kaum noch einen Baum auf.

Flüsse

Der zweite und gewichtigere Reiskorb ist das südliche **Mekong-Delta.** Wegen der neun Hauptarme des Flusses nennen die Vietnamesen es *cuu long,* »neun Drachen«. Ganz im Südosten befinden sich weite Mangrovensümpfe, die aber von den Amerikanern mit Pestiziden verseucht wurden und heute einer Mondlandschaft gleichen. Ein wenig erholt haben sich die landeinwärts gelegenen flussnahen Gebiete, in denen jetzt wieder drei Reisernten im Jahr möglich sind. Dort werden auch Obst, Blumen und Fische gezüchtet.

Die **Insel Phu Quoc** liegt vor der Küste Kambodschas und ist noch ziemlich ursprünglich. Um die **Paracel-Inseln** (400 km vor Da Nang) sowie die **Spratly-Inseln** (500 km vor der Südostküste) streiten mehrere Länder der Region.

Klima und Reisezeit

Monsunwinde und Höhendifferenzen beeinflussen das Klima dieses lang gestreckten Landes am stärksten. Zudem befindet man sich nördlich des Wolkenpasses zwischen Hue und Da Nang in den Subtropen, südlich davon in den Tropen. Zu keiner Jahreszeit ist das Wetter im ganzen Land auch nur annähernd gleich und so kann auch kein Monat als beste Reisezeit für ganz Vietnam empfohlen werden.

Im **Norden** sind die Schwankungen zwischen den beiden Jahreszeiten Sommer und Winter nicht so groß. Der Sommer beginnt im April, wenn die Temperaturen bei hoher Luftfeuchtigkeit steigen; Regenschauer sind das ganze Jahr über möglich, gehäuft aber müssen Sie im Juli und August damit rechnen. Ab September sinken die Temperaturen bis auf rund 15 °C im Januar, was bei ebenfalls hoher Luftfeuchtigkeit sehr unangenehm ist. Im Februar und März nieselt es oft tagelang. Bester Reisemonat: November.

Im **Süden** kann es heiß werden. Von Januar bis in den April hinein klettert das Thermometer täglich auf Werte über 30 °C. Anfangs ist die Luftfeuchtigkeit noch nicht so hoch, doch im April und Mai erreicht sie Werte bis über 90 %, was extrem schweißtreibend ist. Die Regenzeit ab Mai äußert sich in täglichen kurzen Schauern, die eher als Abkühlung empfunden werden. Den Süden können Sie das ganze Jahr über bereisen, am angenehmsten aber wohl von Dezember bis März.

Mittelvietnam gliedert sich klimatisch in die nördliche und die südliche

Klima und Reisezeit

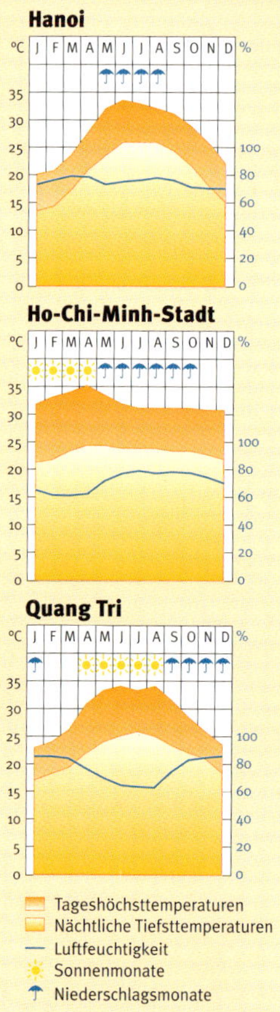

Küstenregion sowie das Hochland von Da Lat. Im nördlichen Bereich der Küste fallen von August bis Januar ausgiebige Niederschläge. In dieser Zeit fegen auch sehr gefährliche Taifune über die Küste. Die trockensten Monate sind Juni und Juli. An der südlichen Küste bringt der Südwestmonsun Zwischen Oktober und Dezember teilweise sehr heftige Regenschauer. Danach wird es immer heißer, von Mai bis September dauert die Trockenzeit. Hier hält man es in den ersten Monaten des Jahres am besten aus.

Im **Hochland** um Da Lat ist das Wetter sehr launisch. Ausläufer sowohl des Südwest- als auch des Nordostmonsuns können fast das ganze Jahr über Regenfälle bringen. Die trockenste Zeit liegt zwischen Dezember und März, aber auch sonst ist das Wetter nie lange wirklich schlecht. Die Temperaturen liegen regelmäßig um 5–10 °C unter denen in Saigon, was oft sehr erfrischend sein kann.

Natur und Umwelt

Vietnam war einst zu mehr als zwei Dritteln von tropischem **Regenwald** bedeckt. Richtete die Tradition der Brandrodung noch relativ wenig Schaden an, fielen große Waldflächen den französischen Kolonialherren zum Opfer, die das Tropenholz verkauften und dann auf den Freiflächen Kautschuk-, Tabak- und Kaffeeplantagen anlegten.

Zur Katastrophe kam es aber mit den Vernichtungen der US-Armee im Krieg. Großflächige Entlaubungsaktionen, Verbrennungen mit Napalm und die Bombenteppiche trafen vor allem die Mangrovenwälder im Süden sowie die Waldgebiete im zentralen Hochland und im Grenzgebiet zu Laos und Kambodscha (wo man den Ho-Chi-Minh-Pfad bloßlegen wollte). Dioxine und andere Gifte befinden sich auch noch nach über 30 Jahren noch im Boden und in der Nahrungskette.

Heute sind höchstens noch 20 % der Fläche des Landes mit Wald bedeckt. **Wiederaufforstungsprogramme** sollen die Natur schützen, doch schnell wachsende Monokulturen von Kiefern und Eukalypten können die Vielfalt der Regenwälder nicht ersetzen. Einige Regionen sind inzwischen als **Naturschutzgebiete** ausgewiesen: Ba Be, 250 km nördlich von Hanoi; die Hälfte der Insel Cat Ba vor Hai Phong; die Karstberge mit subtropischem Wald von Cuc Phuong zwischen Hanoi und Ninh Binh; Ben En, ein kleineres Wald- und Seengebiet südwestlich von Thanh Hoa; der Phong-Nha-Ke-Bang-Nationalpark bei Dong Hoi – seit 2003 UNESCO-Welterbe; die Hochebene von Bach Ma, 40 km südlich von Hue; das große Gebiet von Yok Don am Serepok-Fluss außerhalb von Buon Ma Thuot im Hochland, wo noch viele Elefanten leben; Cat Tien zwischen Saigon und Da Lat; der Archipel Con Dao, 100 km südlich von Vung Tau.

Flora und Fauna

Dort leben noch zahlreiche **Wildtiere,** vor allem Rinder, Hirsche, Affen, Tapire und Wildschweine. Gering geworden sind die Bestände an Nashörnern und wilden Elefanten, wie viele Tiger und Leoparden es gibt ist unklar. Weltweit Schlagzeilen machte 1992 die Entdeckung der Antilopenart *Sao La*. Daneben gibt es Schlangen, Warane, Krokodile und zahlreiche Vogelarten wie Nashornvögel, Pfauen und Greifvögel. Häufig begegnen werden Ihnen **Haustiere** wie Hunde, Enten, Gänse, Hühner, Schweine und Rinder, vor allem aber die fleißigen Wasserbüffel.

Die Artenvielfalt der **Insekten** reicht von bunten Schmetterlingen über leuchtende Käfer bis zu wenig beliebten Kakerlaken und Mücken. Gegen Letztere helfen Eidechsen und flinke, völlig harmlose Geckos, die an Wänden und Decken auf Jagd gehen.

In den Flüssen schwimmen zahllose **Fischarten.** Schon hängen im Mekong und anderen küstennahen Gewässern große Käfige für die Fischzucht. Auch Muscheln, Garnelen und andere Meerestiere werden auf Farmen gezogen.

Traditionell werden Pflanzen vor allem auf ihre Nützlichkeit hin überprüft. So betreibt man unter staatlicher Aufsicht große **Plantagen** mit Eukalyptusbäumen, Kaffee, Kakao, Tee, Tabak, Kokospalmen, Ananas und Bananen. Ins Auge fallen die Pfefferpflanzen, die sich auf kleinen Feldern an etwa 2 m hohen Ziegelkaminen hochranken. Auf ärmeren Böden wird Maniok angebaut, im fruchtbaren Mekong-Delta hingegen Obst.

Bevölkerung

Von den heute gut 82 Mio. Bewohnern gehören etwa 86 % zu der Gruppe der ethnischen Viet, die sich selbst *kinh* nennen. Alle anderen werden in 53 anerkannte »Minderheiten« unterteilt, die häufig noch diskriminiert werden.

Die Viet

Sie stammen wahrscheinlich aus einer Verschmelzung von mongolisch-chinesischen und austro-malaiischen Völkern und wanderten in grauer Vorzeit aus Südchina in das Delta des Roten Flusses. Ihre Sprache ist von den nördlichen Vorfahren geprägt.

Die Viet haben einige Bräuche der melanesisch-malaiischen Kultur übernommen, die es auf den Inseln Südostasiens gibt, nicht aber in China. Dazu gehören das Betelkauen, das

Spitzfeilen und Schwärzen der Zähne sowie Tätowierungen.

Aus den Viet-Siedlungen im Norddelta entwickelte sich das traditionelle Dorf, das zur Grundlage der vietnamesischen Kultur wurde – bis heute fühlen sich deshalb die Nordländer

Minderheiten

Das größte Volk nach den Viet sind die **Thai,** insgesamt rund 3 Mio., die in verschiedenen Gruppen vor allem im Nordwesten, dem Grenzgebiet zu China und Laos, leben. Sie bauen Holzhäuser auf Pfählen und pflanzen seit jeher Nassreis an – eine besondere Kulturleistung. Mit ihnen verwandt sind etwa eine Million **Meo** und **Dao,** die meist in den höheren Bergregionen bis heute halbnomadisch leben: Sie bauen auf brandgerodeten Feldern Trockenreis an.

Im nördlichen Teil des zentralen Hochlandes, jenseits von Hue und Da Nang, siedeln kleinere Gruppen von **Mon-Khmer-Völkern;** zu diesen gehören die **Bana.** Sie leben in abgeschlossenen Dörfern, in denen sich die strohgedeckten Stelzenhäuser der Familien um ein Geden Südländern überlegen. Das Dorf bildete die wichtigste gesellschaftliche Einheit, eine ökonomische Gemeinschaft, die neben der Feldarbeit oft auf ein Handwerk spezialisiert war. Die Abschottung nach außen dokumentieren hohe Bambushaine und Hecken rundherum.

Ein Teil des Landes gehörte der Gemeinschaft; hier wurde der *dinh,* das Gemeinschaftshaus, erbaut, mit einem Altar für den Schutzgott, den sich die Dorfbewohner selbst aussuchten; er konnte aus der animistischen Tradition der Naturgötter stammen, ein nationaler Held sein oder dem daoistischen oder buddhistischen Kanon angehören. Die chinesischen Kolonialherren hatten keine Probleme, den Menschen die starre konfuzianische Gesellschaftspyramide überzustülpen, denn sie passte zur konservativen Gemeinschaftsordnung und ist bis heute von Bedeutung.

Im Süden waren die Dorfstrukturen nie so eng, hier stand mehr die Familie im Vordergrund. In den heutigen Städten haben sich viele Strukturen aufgelöst. Die Familienbande halten jedoch weiter, auch die konfuzianischen Hierarchiegebäude sind noch deutlich spürbar.

Die Cham

Während die Viet zunächst nur im Delta des Roten Flusses siedelten, lebten südlich davon die Cham. Dieses austro-asiatische Volk sprach eine malaiisch-indonesische Sprache. Im 1. und 2. Jh. übernahmen sie den Hinduis-

meinschaftshaus mit einem steil aufragenden Dach gruppieren. Ein großes Holzkreuz gegenüber dem Eingang zeigt an, dass die Bana, wie einige der Nachbarvölker, während der Kolonialzeit zum Christentum bekehrt wurden. Da einige Gruppen in den jüngsten Kriegen auf der Seite von Franzosen und Amerikanern standen, werden sie bis heute von der Regierung mit Skepsis beobachtet.

Im südlichen Hochland, in der Umgebung von Buon Ma Thuot und Da Lat, begegnet man den **Rai, Ede** und **Raglai,** die ursprünglich aus dem austro-indonesischen Raum stammen und malaiisch-polynesische Sprachen sprechen. Ganze Familienverbände leben hier in auf Stelzen errichteten Langhäusern. Die Frauen spielen in der Gemeinschaft eine wichtige Rolle: Bei den Ede verwaltet die angesehenste Frau die Angelegenheiten und das Eigentum des ganzen Dorfes. Oft initiieren Frauen die Heirat. Die Kinder tragen den Familiennamen der Mutter und das Erbe geht auf die jüngste Tochter über.

Die Lage der Bergvölker hat sich nach ökonomischen und kulturellen Benachteiligungen inzwischen etwas verbessert. Zumindest dürfen die Menschen wieder die traditionelle Kleidung tragen und die eigene Sprache sprechen. Über Quoten gelangen Angehörige der Minderheiten in Universitäten, Parlamente und Verwaltungen – wenn sie nicht aus der Parteilinie ausscheren. Doch die Dorflehrer, die die Regierung in die abgelegenen Berggebiete schickt, sprechen meist nur ihre eigene Sprache: Vietnamesisch.

mus. Spätestens ab dem 7. Jh. beherrschten sie weite Teile Mittelvietnams und errichteten turmartige Tempelbauwerke für ihre Hindugötter, die teilweise die Züge der Könige trugen. Parallel existierte im Cham-Reich der Buddhismus, im 9. Jh. kurz sogar als Staatsreligion. Ab dem 10. Jh. begann mit dem Aufstieg der Khmer in Angkor und mit den ersten Kriegszügen der Viet nach Süden der Zerfall des Cham-Reiches. Auch die vorübergehende Besetzung Angkors und die Brandschatzung der vietnamesischen Hauptstadt (1371) konnten den Niedergang nicht aufhalten, der schließlich im 17. Jh. besiegelt war.

Heute leben noch etwa 75 000 Cham in Zentral- und Südvietnam. Die meisten sind jetzt Muslime, haben aber Sprache und Schrift beibehalten. In einzelnen Cham-Heiligtümern werden wieder traditionelle Feiern nach dem hinduistischen Kalender abgehalten.

Die Khmer

Die ursprünglich hinduistischen, später Theravada-buddhistischen Khmer waren Vasallen des Reiches Funan im Süden des heutigen Vietnam. Als dieses Reich zerbröckelte, zogen sie nach Nordwesten und gründeten Angkor.

Im Mekong-Delta blieben nur wenige Gruppen zurück; einzelne buddhistische Tempel sind dort erhalten. Heute leben wieder rund 1 Mio. Khmer im südlichen Vietnam.

Die Chinesen

Im Laufe der tausendjährigen chinesischen Herrschaft über Vietnam, zeitweise auch als Flüchtlinge bei Dynastiewechseln, wanderten Chinesen in Vietnam ein und fanden in den Handelsstädten ihr Betätigungsfeld. Bei der Gründung Saigons im 17. Jh. wurde ihnen eine eigene Marktstadt zugestanden – Cholon, das inzwischen mit Saigon zusammengewachsen ist.

In jüngster Zeit wurden die Chinesen nicht immer gut behandelt. Nach der Vereinigung von 1975 wurden viele enteignet und in die Flucht getrieben – die meisten *boat people* waren Chinesen. 1979 litt diese Volksgruppe erneut: Vietnam hatte das von China gestützte Pol-Pot-Regime in Kambodscha vertrieben, wofür sich die Chinesen mit einem »Straffeldzug« in Nordvietnam rächten. Die Vietnamesen wiederum verstärkten den Druck auf die chinesischen Händler in Cholon, die daraufhin in Scharen flohen. Inzwischen blüht Cholon wieder auf und vorsichtige Rückwanderungsbewegungen finden statt.

Wirtschaft

Die Franzosen verwandelten das Agrarland, das traditionell von Familien bewirtschaftet wurde, in eine typische Kolonialökonomie: Sie exportierten Bodenschätze (v. a. Kohle, Erze, Edelmetalle) und Plantagenprodukte (Kautschuk, Kaffee, Tee, Tabak, Tropenhölzer, Pfeffer). Im Norden wollte Ho Chi Minh dann eigentlich »das Land dem Pflüger« geben, doch seine Genossen bevorzugten Kollektivierung und sozialistische Planwirtschaft. Im Süden hatte man dagegen im Agrarbereich und im Handel auf die Privatwirtschaft gesetzt, doch ab den 1960er Jahren stand die Ökonomie ganz im Zeichen des Kriegs und der Abhängigkeit von den USA.

Nach der Wiedervereinigung von 1975 wurde auch dort die Kollektivierung erzwungen, was Tausende in die Flucht trieb. Ein ökonomischer Infarkt drohte, der nur mühsam durch Subventionen der UdSSR verhindert wurde. Die nutzte dafür den Hochseehafen Cam Ranh und transportierte den größten Teil des vor Vung Tau gewonnenen Öls ab.

Nach Ende des Krieges erließen die USA ein striktes »Verbot des Handels mit dem Feind«. Wegen der Besetzung Kambodschas war Vietnam international weitgehend isoliert, und als dann in der Sowjetunion mit der Perestroika die Weltmarktpreise Einzug hielten, sah sich auch die vietnamesische Führung zum Umsteuern gezwungen. Sie nannte ihr Programm von 1986 *doi moi:* Der Staat sollte zwar Eigentümer des Landes bleiben, die Familien durften jedoch wieder eigenverantwortlich wirtschaften. Ein festgelegter Teil der Ernte musste abgeführt werden,

Reis ist Hauptnahrungsmittel und Exportgut Nr. 1

Reis – Hauptnahrungsmittel und Kulturgut

Drei- bis viermal täglich füllen sich die Menschen Südostasiens ihre Essschale mit Reis. Ihr Hauptnahrungsmittel müssen sie sich im Schweiße ihres Angesichts erarbeiten – mechanische Hilfsmittel sind bis heute kaum im Einsatz. Sie lohnen sich nicht bei den kleinen, aber ertragreichen Nassreisfeldern. Und die auf langen Rispen wachsenden Körner können schlecht von Maschinen geerntet werden.

Da heißt es für den Bauer, Hand anzulegen. Er spannt den Büffel an, pflügt und eggt den Boden mehrfach. Dann müssen die Felder genau waagerecht angelegt und mit einem kleinen Damm umgeben werden. Wenn die jungen Setzlinge nach drei bis vier Wochen herangewachsen sind, werden sie in Bündeln ausgegraben und von den Bauern in andere Felder umgepflanzt – mit gekrümmten Rücken, die Füße im Wasser, in der sengenden Sonne. Während der junge Reis heranwächst, muss ständig der Wasserstand reguliert werden, oft indem man von Hand Wasser aus Kanälen schöpft. Früher bekämpften Fische oder Enten das Ungeziefer, heute bevorzugt man die chemische Keule.

Vor der Ernte trocknet das Feld aus. Die bündelweise stehenden Halme werden mit der Sichel abgeschnitten, die Körner meist noch auf dem Feld mit einfachsten Maschinen gedroschen. Die Arbeit überlässt man gerne auch vorbeifahrenden Autos: Man legt die Garben einfach auf die Straße.

Zwischen Aussaat und Ernte liegen je nach Sorte und Klimabedingungen drei bis neun Monate, in denen die Felder beinahe täglich der Pflege bedürfen.

alles, was darüber hinaus ging, durfte auf den wieder geöffneten Märkten verkauft werden. Erstaunlich schnell steigerten sich daraufhin die Ernten von Reis, Obst und Gemüse.

Der staatlich kontrollierte Export stieg ebenfalls: insbesondere von Öl und Kohle an den neuen Abnehmer Japan, von Kautschuk, Kaffee, gezüchtetem Fisch und Krustentieren.

Ausländer können heute investieren, vor allem in Joint-ventures, und diese Chancen nutzen besonders rege Auslandsvietnamesen und die asiatischen Nachbarn.

Doch Probleme bleiben. Sie liegen in der Bürokratie, der mangelnden Infrastruktur und den großen Unterschieden in Geographie und Siedlungsdichte. Am schwersten ist die schnell steigende Bevölkerungszahl zu kontrollieren, schon empfiehlt die Regierung höchstens ein Kind. Denn Arbeitslosigkeit ist in Vietnam weit verbreitet, verschärft durch drei Millionen demobilisierte Soldaten, Tausende rückgesiedelter Flüchtlinge und heimgeschickter Vertragsarbeiter aus Osteuropa, v. a. der ehemaligen DDR.

Steckbrief

- **Ausdehnung:** 23° 22' bis 8° 33' nördlicher Breite, 102° 8' bis 109° 28' östlicher Länge
- **Fläche:** 3236000 km^2
- **Hauptstadt:** Hanoi mit ländlicher Umgebung 4 Mio. Einw.
- **Bevölkerung:** 82,3 Mio.
- **Bevölkerungswachstum:** 2 %
- **Durchschnittliche Lebenserwartung:** 67 Jahre
- **Bevölkerungsdichte:** Im Schnitt 251 Einw./km^2 (in den Delten des Mekong und des Roten Flusses ca. 1000 Einw./km^2)
- **Wirtschaftswachstum:** in den letzten Jahren rund 7 %

Die beiden Asienjournalisten Heinz Kotte (gest. 2003) und Rüdiger Siebert sind immer wieder durch das sich schnell verändernde Vietnam gereist, um die Auswirkungen der Veränderungen auf das Leben der einfachen Menschen zu erfahren. Sie schildern die komplizierte Gegenwart und erklären vieles durch die Vergangenheit: **Vietnam hautnah. Ein Land im Umbruch** (Horlemann, Bad Honnef 2006).

Verwaltung

Die Sozialistische Republik Vietnam (SRV) unterteilt sich in 58 Provinzen und vier direkt von der Zentralregierung verwaltete Städte (Hanoi, Da Nang, Ho-Chi-Minh-Stadt, Can Tho), die seit der Gebietsreform 1991 größere Eigenverantwortung besitzen.

Die Verfassung von 1992 konzentriert den politischen Prozess auf die Regierung, die stärker von der Kommunistischen Partei (KP) getrennt wird. Der Regierung steht ein Ministerpräsident mit mehreren Stellvertretern vor. Das Parlament, die Nationalversammlung, wird aus den Kandidaten der Partei und der Massenorganisationen vom Volk für fünf Jahre gewählt, wobei zunehmend auch Nicht-Mitglieder der KP Berücksichtigung finden.

Die »führende Rolle« der KP, 1980 in der Verfassung des wieder vereinigten Vietnam verankert, ist aber weiterhin nicht in Frage gestellt. Die Partei hat heute etwa 2 Mio. Mitglieder.

Formelles Staatsoberhaupt ist ein vom Parlament für vier Jahre gewählter Präsident.

My Lai – kein Einzelfall

Am 16. März 1968 rückte die Charly Company unter Führung von Leutnant William Calley zu einer alltäglichen Search and destroy-Aktion gegen das Dorf My Lai vor. Auftrag: das Dorf nach feindlichen Soldaten durchsuchen und alles zerstören, was dem Feind operativ dienen könnte – also Verstecke, Wohnhäuser, Reisspeicher. Offizielles Ergebnis: »128 Gegner im Kampf getötet, 13 Verdächtige festgenommen und drei Waffen erbeutet«, Gratulation von Oberbefehlshaber General Westmoreland.

Ein Jahr später berichtete ein entlassener Soldat über die tatsächlichen Ereignisse des Tages, ein Journalist recherchierte und veröffentlichte die Ergebnisse in kleineren Zeitungen, da die großen abwinkten. Ein entlassener Armeefotograf verkaufte Bilder, die Amerika schockierten: hingemetzelte Greise, Frauen und Kinder. Eine Untersuchung begann. Die Öffentlichkeit erfuhr endlich die Wahrheit: Charly Company hatte am 16. März 1968 in 90 Minuten 504 Zivilisten ermordet, auf alles geschossen, was sich bewegte, Alte und Frauen am Dorfteich aufgestellt und mit Maschinengewehren niedergemäht. »I want them dead«, hatte Calley befohlen. Und My Lai war keineswegs ein Einzelfall, search and destroy-Aktionen waren fast alltäglich, geschahen hundertfach, mit gleicher Brutalität, mit Hunderttausenden unschuldiger Opfer.

Doch die Realität der Armee blieb eine andere. Der Untersuchungsbericht befand Calley des Mordes an 102 »menschlich-orientalischen Wesen« für schuldig, verurteilt wurde er 1970 wegen 22-fachen Mordes zu lebenslänglichem Gefängnis – was unter den Veteranen mehr Empörung auslöste als das Massaker. Präsident Nixon mischte sich in die »unabhängige« Rechtsprechung ein: Die Armee verkürzte die Strafe auf 20 Jahre, der Heeresminister auf 10 Jahre, nach dreieinhalb Jahren wurde Calley entlassen. Er war als einziger von nur fünf angeklagten Soldaten verurteilt worden – keiner seiner Vorgesetzten wurde belangt.

Der Vietnam-Krieg bleibt ein US-amerikanisches Trauma – zu Recht. Denn hier wurde fern der Heimat ein kleines, armes Land in Grund und Boden gebombt, um die Welt vor dem Kommunismus zu retten. Tatsächlich geriet der Krieg dann aber zu einem Experimentierfeld für neue Waffensysteme und Gifte, die Millionen Menschen das Leben kosteten und die Natur zerstörten. Auch nordvietnamesische Soldaten haben Grausamkeiten begangen, aber sie verteidigten immerhin ihre Heimat, die in der Geschichte immer wieder von außen bedroht wurde. Amerika scheint sich der Auseinandersetzung mit diesem Krieg nicht stellen zu wollen. Zwar gibt es heute wieder diplomatische Beziehungen zwischen den USA und Vietnam, doch keinerlei Debatte über das amerikanische Vorgehen oder Wiedergutmachung für mehr als zwei Millionen Tote und immense materielle Schäden.

Geschichte im Überblick

3. Jh. v. Chr. Zur Abwehr gegen China schließen sich Fürstentümer im Delta des Roten Flusses zum Reich Au Lac zusammen.
111 v. Chr. Chinesen erobern das Delta des Roten Flusses und gliedern es als Provinz Giao Chi ein. Dann sinisieren sie es konsequent.
930 regt sich heftiger Widerstand der Viet gegen die chinesische Herrschaft. General Ngo Quyen erringt 931 und 938 mit Siegen auf dem Bach-Dang-Fluss die Unabhängigkeit. Als er 944 stirbt, brechen Streitigkeiten zwischen Generälen und Fürsten aus. Der Fürst von Hoa Lu ruft sich 968 zum König aus, gründet das Reich Dai Co Viet und verlegt die Hauptstadt nach Hoa Lu.
1009 gründet Ly Thai To die erste stabile Dynastie und verlegt die Hauptstadt nach Thang Long (Hanoi). Der Staat orientiert sich am Konfuzianismus, das Volk am Buddhismus. Der Ly-Dynastie folgt ab 1225 die Tran-Dynastie.
13.–15. Jh. Die Vietnamesen dehnen ihren Machtbereich auf Kosten der Cham nach Süden aus. 1377 vernichten die Cham die Hauptstadt Thang Long, was den Sturz der Tran-Dynastie einleitet. Doch nach dem Tod des Cham-Königs (1390) ist Champa dem Untergang geweiht. 1471 fällt seine letzte Bastion, das Reich zersplittert. Im vietnamesischen Kernland ergreift nach einer Rebellion und einer kurzen chinesischen Machtübernahme (1407–1427) der Großgrundbesitzer Le Loi die Macht und gründet die Späte Le-Dynastie.
1527 reißt der Provinzgouverneur Mac Dang Dung die Macht an sich, doch seine Dynastie kann sich nur kurz halten: Die einflussreichen Trinh und Nguyen installieren 1533 einen Abkömmling der Le-Sippe als Gegenkönig. 1592 werden die Mac endgültig vertrieben. Die Le herrschen nur nominell, de facto teilen sich die Trinh und die Nguyen das Land.
15.–17. Jh. Erste Vorstöße von Europäern, die ab dem 16. Jh. Handelsstützpunkte gründen. Die Vietnamesen erobern inzwischen den gesamten Süden, 1694 die Region des heutigen Saigon.
1771–1801 Im Tay-Son-Aufstand werden drei Brüder zu Anführern zahlreicher Unzufriedener, schließlich zu regionalen Herrschern. Während sie ihre Macht in Hanoi etablieren, erobert Nguyen Anh aus dem Exil im heutigen Thailand das Land von Süden her zurück.
1802 macht Nguyen Anh nach der Eroberung seine Heimatstadt Phu Xuan (Hue) zur Hauptstadt, ruft sich zum König Gia Long aus und etabliert die Nguyen-Dynastie.
1858 erobern spanische und französische Truppen Tourane (Da Nang) und bald den gesamten Süden. Bis 1887 etablieren die Franzosen Kolonien oder Protektorate über Cochinchina (Süden), Annam (Mittelvietnam) und Tongking (Norden). Der vietnamesische Hof in Hue nimmt dies unter wenig Gegenwehr hin.
Ab 1900 bilden sich Widerstandsbewegungen gegen die Franzosen. 1930 wird die Kommunistische Partei Vietnams in Hongkong, 1941 die Liga für die Unabhängigkeit (Viet Minh) gegründet.

1940–1945 Im Zweiten Weltkrieg besetzt Japan das Land, duldet jedoch die französische Verwaltung. Nach der japanischen Kapitulation im August 1945 ruft der Viet Minh am 2. September die Demokratische Republik Vietnam (DRV) aus.
1946–1954 Frankreich erkennt die DRV an, bombardiert aber gleichzeitig Hai Phong und landet dort Truppen. Die Regierung von Ho Chi Minh verlässt Hanoi. Der Krieg eskaliert und gipfelt in der Entscheidungsschlacht auf der Hochebene von Dien Bien Phu im Mai 1954. Die Franzosen ziehen ab, im Genfer Abkommen wird der 17. Breitengrad als vorläufige Demarkationslinie festgelegt, die schnell tatsächliche Grenze wird.
1955 Im Süden kommt der Katholik Ngo Dinh Diem mit Unterstützung der USA an die Macht und verweigert die vorgesehenen Wahlen aus Furcht vor einem Sieg der Kommunisten. Diem geht militärisch gegen die Klöster vor; Demonstrationen und Selbstverbrennungen von Mönchen. Im November **1963** putscht das Militär mit CIA-Hilfe gegen Diem und ermordet ihn.
1965 Machtübernahme des Generals Nguyen Van Thieu. Die USA verstärken ihre Truppen und bombardieren Ziele im Norden.
1968 In 60 Städten des Südens startet die FNL die *tet*-Offensive, die zwar zurückgeschlagen werden kann, jedoch zur entscheidenden Wende des Krieges werden soll.
1969 Tod Ho Chi Minhs. Insgeheim verhandeln die Regierungen der USA und Nordvietnams über ein Ende des Krieges, gleichzeitig weiten die US-Truppen die Bombardements auch auf Laos und Kambodscha aus.
1973 Pariser Waffenstillstandsabkommen. Die US-Truppen verlassen das Land. Die FNL »befreit« den gesamten Süden bis zur Eroberung des Präsidentenpalastes in Saigon am 30. April 1975.
1976 Gründung der Sozialistischen Republik Vietnam (SRV) am 2. Juli. Kollektivierung der Landwirtschaft, zahllose Flüchtlinge.
1977–1979 Übergriffe der von China unterstützten Roten Khmer auf Vietnam, das im Januar 1979 Phnom Penh erobert, das Mörderregime von Pol Pot stürzt und das Land besetzt. Die Chinesen starten eine »Straffeldzug« im Norden.
1986 Um die politische Isolation und die ökonomischen Probleme zu überwinden, beschließt die Partei ein wirtschaftliches Reformprogramm *(doi moi)* und die langsame Öffnung des Landes. Privatinvestitionen beleben die Wirtschaft, der Rückzug der Truppen aus Kambodscha (ab 1989) ermöglicht die Normalisierung der Beziehungen zu den Nachbarn.
1994 Im Februar beenden die USA das Wirtschaftsembargo, 1995 folgt die Wiederaufnahme der diplomatischen Beziehungen.
2003–2005 Nachdem jahrelang wurden Kaffee- und Kakaoanbauflächen im Zentralen Hochland ausgeweitet und dort ethnische Vietnamesen angesiedelt wurden, kommt es zu Unruhen unter der Bergbevölkerung, gegen die die Regierung hart vorgeht.
2006 Der 10. Parteitag will den Reformprozess beschleunigen und die Führung verjüngen. Ministerpräsident wird Nguyen Tan Dung.

Glaubenswelten

Fragt man Vietnamesen nach ihrer Religionszugehörigkeit, können die meisten keine Antwort geben. Vielmehr glauben sie an Götter und gottähnliche Wesen, an Geister und Seelen – je nach Lebenslage. Bei Krankheit mag man die Hilfe daoistischer Genien erflehen, beim Hausbau den Erdgott besänftigen, am Geburtstag des Vaters mit seinem Ahnengeist Kontakt aufnehmen, bei der Beerdigung einen buddhistischen Mönch rufen. Die Zeremonien an wichtigen Feiertagen müssen nach der Tradition von den ältesten Söhnen oder Enkeln vorgenommen werden, was die kaum unterschätzbare Bedeutung männlicher Nachkommen erklärt.

Naturgötter und Geister

Allgegenwärtig sind zahlreiche **Naturgötter,** die sich v. a. im Boden, in Steinen, Bäumen und in der Luft manifestieren. Wer in ihre Sphäre eindringt, etwa durch den Bau einer Straße oder bei der Feldarbeit, tut gut daran, sie durch Opfergaben wohlwollend zu stimmen. Häufig werden Sie an Bäumen und Steinen Räucherstäbchen, Papierfahnen, Schalen mit Reis oder einmal ein gekochtes Huhn finden.

Jedes Dorf hat zudem seinen eigenen **Schutzgeist,** der vor allem im Norden im hinteren Teil des Gemeinschaftshauses, des *dinh,* seine Heimstätte findet – sei dieser Geist ein Naturgott oder eine verehrungswürdige Person aus den Mythen oder der Geschichte. Die Dorfgemeinschaft selbst trifft ihre Wahl und kann den Geist, wenn dieser seine Aufgaben nicht erfüllt, verstoßen und einen neuen berufen.

Eine daoistische Morgenzeremonie

Ahnenverehrung

Man geht davon aus, dass bei der Geburt ein Geist (oder eine Seele) in den Menschen fährt, der ihn bei Eintritt des Todes wieder verlässt. Eine Zeit lang irrt dieser Geist dann noch umher und muss, repräsentiert durch die Ahnentafel, einen Ort der Geborgenheit finden.

Mindestens über drei Generationen bleiben die Verstorbenen so Teil der Familie, man kommuniziert mit ihnen, stellt ihnen eine Schale Reis hin und versorgt sie mit Papiergeld – Milliardenpäckchen von der »Höllenbank« – oder anderen Geschenken aus Papier, die verbrannt werden und so zu den Ahnen gelangen.

Der Daoismus

Besonders angesehene Mitglieder der Gemeinschaft verehrt nach dem Tod nicht nur die Familie, sondern das ganze Dorf, eine ganze Region oder das ganze Volk fast wie Götter. Sie fügen sich damit gut ein in das schon reich bevölkerte Pantheon der **daoistischen Götterwelt.** Einige der vietnamesischen Kandidaten stammen aus den Entstehungsmythen, wie die Urmutter Au Co und die drei verehrten

Mütter des Himmels, des Wassers sowie von Wald und Erde, andere sind historische Helden, wie etwa der General Tran Hung Dao, der im 13. Jh. die Mongolen besiegte.

Sie bilden im Volksdaoismus die unterste Stufe der Götter und haben noch engen Kontakt zu den Menschen. Darüber stehen die vier Unsterblichen, drei Männer und eine Frau, die der Legende nach durch gute Taten und Erlösungsvisionen die Unsterblichkeit erlangten und jetzt zwischen der Insel der Seligen und der Erde hin und her pendeln, um den Menschen selbstlos zu helfen. Auf der obersten Stufe sitzen einige bedeutende Götter mit dem Jadekaiser an der Spitze und der Himmelskönigin direkt unter ihm.

Ursprünglich ist der Daoismus eine Philosophie, die ungefähr 500 Jahre vor der Zeitenwende in China entstand und nach dem *dao* suchte. Dao ist der Weg des Einzelnen in seiner Umgebung, in der Natur und in der Welt. Die Lösung wurde darin gefunden, sich nicht in Widerspruch zu seiner Umwelt zu setzen. Die Lehre trägt viele asketische Züge und hat mit der heutigen Götterinflation praktisch nichts zu tun.

Religion und Kultur der Cham

Bevor sie etwa im 1. Jh. indisiert wurden, hingen die Cham Naturgöttern an, denen sie zum Beispiel Büffel opferten und die sie nie ganz aus den Augen verloren. Im Zentrum des Kultes ihrer matrilinearen Gesellschaft stand die Urmutter Uroja, dargestellt durch weibliche Brüste, die sich bis heute als dekorative Elemente in Cham-Türmen finden. In hinduistischen Zeiten verschmolz sie mit Parvati, der Gattin Shivas, des Zerstörers und Neuschöpfers unter den drei obersten Göttern, konnte aber auch als Todesgöttin Durga auftreten.

Ab dem 1. Jh. kopierte das Volk das indische Gesellschaftssystem. Der Adel rechnete sich der Kriegerkaste zu, während die Brahmanen Priester, Minister und Beamte waren. Als oberster Gott galt Shiva, der als Figur oder in Gestalt des Lingam (Phallus) im Zentrum des Turmheiligtums verehrt wurde. Auch Vishnu, dem Bewahrer des Universums, und Brahma, dem Schöpfergott, wurden Tempel errichtet, daneben Ganesh, dem elefantenköpfigen Gott der Weisheit, dem Kriegsgott Skanda und vielen anderen. Zudem wurden die Reittiere der Götter verehrt, Shivas Stier Nandi, Vishnus Vogel Garuda, Brahmas Gans Hamsa sowie die Schlange Naga als Symbol der Fruchtbarkeit.

Die Herrscher verschafften sich die Position des Gottkönigs. Sie sahen sich als Inkarnation eines wichtigen Gottes, dessen Statuen dann oft die Gesichtszüge des Königs trugen. So regierte der König weit über seine Untertanen herausgehoben und unangreifbar. Nach seinem Tod verschmolz sein Selbst, sein absolutes Ich, mit dem Gott, die Statue repräsentierte beide. Der neue König musste einen neuen Tempel mit einer neuen Götterstatue bauen und so den ewigen Kreislauf aufrechterhalten.

Die überall verehrte Quan Am auf einer Lotosblüte, dem Symbol der Reinheit

Der Buddhismus

Auch diese Lehre hat sich in Vietnam weit von ihren Ursprüngen entfernt. Sie kam zwischen dem 3. und 7. Jh. ins Land, das auf dem Pilgerweg zwischen Indien und China lag. Ab dem 10. Jh. erkannte der König die Religion an, die in der Ly-Dynastie (1009–1224) großen Einfluss ausübte und deshalb ab dem 15. Jh. unterdrückt wurde.

Mit der Aufnahme von Heiligen und Legenden wollte sie danach an Popularität gewinnen und Kontakt zum Volksdaoismus aufnehmen. Heute sind vor allem die Legenden um Quan Am weit verbreitet, die Göttin der Barmherzigkeit nach dem chinesischen Vorbild, die aus dem (männlichen) Bodhisattva Avalokiteshvara hervorging.

Glossar

- **A Di Da** (Amitabha) Buddha der Vergangenheit
- **At Nan** (Ananda) Lieblingsschüler Buddhas
- **Ca Diep** (Kasyapa) Lieblingsschüler Buddhas
- **Chua** Buddhistischer Tempel; flaches Gebäude, das oft als Pagode bezeichnet wird
- **Di Lac** (Maitreya) Buddha der Zukunft, hier dargestellt als lachender Dickbauchbuddha, der auf einen chinesischen Mönch des 10. Jhs. zurückgeht
- **Dinh** Gemeinde- oder Versammlungshaus mit einem Altar für den Schutzgeist
- **Hoi Quan** Chinesisches Versammlungshaus und Tempel
- **La Han** (Arhat) buddhistische Schüler, meist 18 an der Zahl, gelegentlich 108 oder 500
- **Ngoc Hoang** daoistischer Jadekaiser
- **Pho Hien** (Samantabhadra) Bodhisattva der Meditation
- **Quan Am** (Avalokiteshvara, chinesisch Guanyin) Bodhisattva des Mitleids, in China und Vietnam weiblich als Göttin der Barmherzigkeit
- **Thang Hoang** Könige über die zehn Höllen des Volksdaoismus
- **Thich Ca** (Sakyamuni) historischer Buddha, dargestellt entweder als meist mit einem Kranz umgebenes Kind mit zum Himmel erhobenem Zeigefinger oder in Meditationshaltung
- **Thien Hau** (kantonesisch Tin Hau) Himmelskönigin, Schutzgöttin der Seeleute und Fischer
- **Van Thu** (Manjushri) Bodhisattva der Weisheit

In Tempeln findet man meist wie in China den lachenden Buddha in der ersten Halle und ganz oben auf dem Hauptaltar die drei Buddhas der Vergangenheit, Gegenwart und Zukunft in Meditationshaltung. Eine für Vietnam spezifische Darstellung zeigt den Buddha als Kind mit einer zum Himmel weisenden Hand.

Einfluss des Christentums

Anfang des 16. Jhs. erreichten die ersten europäischen Händler die Küste Vietnams und brachten nur wenig später portugiesische Dominikaner sowie italienische und französische Jesuiten mit. Der Missionar Alexandre de Rhodes übte ab 1626 starken Einfluss aus, indem er einen Katechismus auf Vietnamesisch verfasste und die lateinische Umschrift der Sprache vorantrieb. Der Bischof Pigneau de Béhaine fungierte als politischer Berater der Nguyen-Sippe im Süden, die 1802 die Macht im ganzen Land eroberte. Er nutzte seinen Einfluss geschickt zur oft nicht ganz freiwilligen Etablierung des Christentums, das in asiatischen Denkwelten auf wenig fruchtbaren Boden fällt. Nachdem sich die Franzosen 1954 zurückgezogen hatten, kam es zu großen Flüchtlingswellen von Norden nach Süden, da sich die Christen vor der neuen kommunistischen Regierung in Sicherheit bringen wollten.

Hunderte Sekten

Von den vielen Sekten, die sich im Land bildeten und wieder verschwanden, haben sich nur die **Caodai** länger gehalten, die ihren Dom in Tay Ninh, 100 km nordwestlich von Saigon unterhalten (s. S. 64).

Kultur gestern und heute

Herausragende Zeugnisse früher Kulturen sind die Beerdigungsurnen aus Sa Huynh und die Dong-Son-Bronzetrommeln. Die in Mittelvietnam gefundenen dünnwandigen, nur mit einfachen Ritzmustern verzierten Tonurnen von etwa 80 cm Höhe enthielten nicht nur die Gebeine der Verstorbenen, sondern als Grabbeigaben auch Vasen, Kessel, Schmuck, Eisenwerkzeuge und Bronzegefäße. Sie stammen ungefähr aus dem 1. Jh. Etwas älter dürften die meisten Dong-Son-Trommeln sein, deren genaue Herkunft und Verwendung umstritten ist. Ähnliche Trommeln fand man in Indonesien, Kambodscha, Malaysia und Südchina. Die Gefäße ohne Bodenplatte sind in Bänderform verziert, am reichhaltigsten auf dem ebenen Deckel. Die meisten haben zwei kleine Henkel. Ob es sich wirklich um Trommeln handelte, ist mehr als ungewiss, manche Forscher glauben eher an Beerdigungsurnen.

Aus der Periode der chinesischen Besatzung und der frühen Unabhängigkeit sind wenige Kulturzeugnisse erhalten. Die Kunst diente vorwiegend der Religion, was ihr keinerlei Freiheiten ließ. Die Auftraggeber machten genaue Vorgaben entsprechend der traditionellen Ikonographie, die die Künstler, die man vielleicht eher als Kunsthandwerker bezeichnen sollte, möglichst perfekt ausführten. Die offizielle Kunst folgte dem chinesischen Vorbild, war aber wesentlich einfacher.

Dass kaum mehr Zeugnisse dieser Zeit erhalten sind, liegt einerseits an den verwendeten Materialien, die allesamt schnell vergänglich waren: Holz war noch das beständigste. Andererseits entwickelte sich vor allem vom 10. bis 15. Jh. der Buddhismus als Träger der Kunst, der mit der erneuten Kolonisierung durch die chinesische Ming-Dynastie (1407) und die anschließend errichtete Le-Dynastie zerschlagen und durch einen besonders strengen Konfuzianismus ersetzt wurde.

Farbenfrohes Neujahrsbild

Holzschnitzerei

Im späten 15. Jh. begann die Blütezeit der frühen *dinh*-Bauten, der ganz aus Holz erstellten Gemeinschaftshäuser. Ab dem 17. Jh. wurden Tempel im neuen Stil gebaut, die die in Vietnam besonders ausgeprägte Holzschnitzkunst zur Blüte brachte. Im Land standen Hölzer verschiedenster Härte, Farbe und Maserung zur Verfügung, aus denen dekorative Muster und Reliefszenen aus Mythen und Legenden herausgeschnitten wurden. Säulen, Streben, Türen, Wände, Altäre, große Paneele wurden detailreich und kunstvoll verziert. In den *dinh* hatten es den Schnitzern auch die Dachbalken angetan, in denen sie derbe Szenen und üppige Figuren festhielten. In den Tempeln hingegen stand bald die Kunst des Figurenschnitzens im Vordergrund, die im 18. Jh. besonders vielfältig aufblühte.

Der Ao Dai

Anmutig stolzieren die Schulmädchen in ihren weißen Ao Dai durch die Straßen. Lange verpönt – und als Schuluniform sogar zeitweilig verboten – kann sich die sinnliche Nationaltracht auch gegen westliche Mode wieder ganz gut behaupten. Auf den Laufstegen werden immer neue Kreationen vorgeführt, der Ao Dai (sprich: Ao Sai) ist in der aufregenden Welt der Fashion angekommen. Das »Lange Gewand«, so die Bedeutung des Wortes, ist eine seitlich geschlitzte Tunika, die über weite Seidenhosen getragen wird. 1744 hatte der Fürst Nguyen Phuoc Khoat diese Tracht seinen Untertanen verordnet. Heute wird der Ao Dai auch freiwillig gern getragen: mal dunkelfarbig und hochgeschlossen, mal hauchdünn und knallbunt.

Malerei

Nach chinesischem Vorbild gibt es Seiden- und Tuschmalerei sowie Kalligraphie. Das chinesische Vorbild aber übertrafen die Holzschnitte. Vor allem Neujahrsbilder werden aus Weichholz herausgearbeitet und als Druckstöcke für handgeschöpftes und koloriertes Papier verwendet – eine Tradition, die bis heute im Dorf Ho, östlich von Hanoi, praktiziert wird (s. S. 10 f.).

Musik und Theater

Musik und Instrumente folgen der chinesischen Tradition. Die Cham brachten die indisch beeinflusste »Südmusik« ein. Die Bergvölker spielten vor allem auf Blas- und Schlaginstrumenten aus Bambus. Heute haben sich die verschiedenen Traditionen vermischt und es gibt Zithern, Lauten und Geigen mit ganz unterschiedlicher Saitenzahl, dazu Flöten und andere Holzblasinstrumente. Ab dem 11. Jh. gab es Moralspiele mit typisierten Figuren, die auf der Peking-Oper basierten, aber mit der ideologischen Wende im 15. Jh. verboten wurden. Es blieben die höfischen Opern, die ebenfalls auf chinesischen Vorbildern beruhten und genauso stilisiert waren. Ein Sprechtheater existiert erst seit diesem Jahrhundert mit europäischem Einfluss.

Seit den 1990er Jahren werden vor allem in der Musik auch moderne Formen immer beliebter – nicht nur Popmusik, sondern auch Musicals und mit einheimischen Elementen versehener Jazz.

Feste & Veranstaltungen

Die traditionellen Feiertage richten sich nach dem Mondkalender, die Daten schwanken also von Jahr zu Jahr.

- Den Jahresreigen läutet das Fest der Feste ein: Das **Neujahrs- oder Frühlingsfest** heißt ganz einfach *tet* (= Fest) und wird drei Tage lang zwischen Mitte Januar und Mitte Februar gefeiert. Vorher gilt es, alles Alte zu beenden und das Haus für das Neue vorzubereiten. Also müssen Schulden beglichen werden, unbrauchbare Dinge werden weggeworfen und durch neue ersetzt. Das gesamte Haus wird generalgereinigt und mit Apfelsinenbäumchen, Früchten und Blumen geschmückt. Am 23. Tag des 12. Mondmonats wird der Altar des Herdgottes gewienert und mancher schmiert der Figur tatsächlich Honig ums Maul, weil der Gott am letzten Tag des Jahres dem Jadekaiser über die Familie berichtet. Die nächsten Tage verbringen die Familien mit Tempelbesuchen und langen Festessen.
- Der 5. Tag des 3. Mondmonats ist der Tag des **Totengedenkfestes,** an dem man die Gräber der Ahnen besucht, diese reinigt und Opfer gaben darbringt.
- Im 4. Monat werden am 15. Tag zu **Buddhas Geburtstag** die Tempelfiguren mit geweihtem Wasser übergossen.
- Mitte April feiern die Khmer ihr **Neujahr** in den Tempeln des Mekong-Deltas. Der Termin folgt dem Sonnenkalender.
- Zur **Mittsommerwende** am 5. Tag des 5. Monats, besucht man die Tempel und opfert vor allem den Königen der Hölle. Draußen werden auf Gewässern Bootsrennen veranstaltet.
- Am 15. Tag des 7. Monats gedenken Familien ihrer **Ahnen,** während einen Monat später die Kinder mit Laternen das **Mittherbstfest** begehen. Dazu essen sie üppig gefüllte Mondkuchen.
- Zudem gibt es überall im Lande lokale **Tempelfeste,** die sich ebenfalls nach dem Mondkalender richten.

Puppentheater

Auf fruchtbaren Boden fiel in Vietnam das Spiel mit Puppen, das aus dem indischen Kulturkreis stammt. Die Wasserpuppen entwickelten sich v. a. im 17. und 18. Jh. und wurden auf dem Höhepunkt des Tempelfestes eingesetzt. Neben moralisierenden Legenden standen auch bodenständige Unterhaltungsszenen auf dem Programm. In jüngster Zeit erlebt das Wasserpuppenspiel (s. S. 36) einen neuen Aufschwung.

Literatur

Auch die Literatur stand immer unter chinesischem Einfluss. Wenige buddhistische Mönche und konfuzianische Gelehrte beschäftigten sich damit in der chinesischen Sprache und Schrift. Sie verfassten historische Aufzeichnungen, Landschaftsbeschreibungen, Abhandlungen über Riten, Nacherzählungen von Legenden und Mythen. Später kam die höfische Poesie hinzu, die der Hochadel als Freizeitbeschäftigung pflegte. Erst im 18. Jh. lösten sich die Versdramen aus ihrem engen Korsett, als der Schriftsteller Nguyen Du (1765 bis 1820) in seinem Versroman *Kim Van Kieu* das tragische Schicksal der schönen Kieu beschrieb, die versuchte, aus der strengen konfuzianischen Gesellschaftspyramide auszubrechen. Vollkommen unabhängig von dieser Literatur wurde die Volksdichtung mündlich überliefert. Im 19. Jh. übte dann auch die Kolonialmacht literarische Einflüsse aus, während nach der kommunistischen Machtübernahme die Kunst im Dienst der Partei zu stehen hatte. Seit 1986 gibt es auch in diesem Bereich erste Anzeichen einer vorsichtigen Liberalisierung.

Essen und Trinken

Die meisten Vietnamesen beginnen den Tag mit einer Nudelsuppe. Zur Auswahl stehen flache weiße Reisnudeln *(banh)* oder gelbe, festere Weizennudeln *(mi)*, die bereits gekocht in eine Schale gegeben und mit einigen Gemüseblättern und Kräutern bestreut werden. Obenauf liegt Hühner- oder Rindfleisch und der kleine Berg wird dann mit heißer, lange gekochter Fleischbrühe begossen. Auch am Morgen würzt man bereits mit Pfeffer und frisch geschnittenen Chilischoten, meist gibt es – Hinterlassenschaft der Franzosen – ein kleines Baguette dazu.

Mittags und abends dominiert dann der Reis. Dazu stellt man eine Mischung aus würzigen und milden, weichen und harten Speisen – Fleisch, Fisch und Gemüse – zusammen. Fast immer gehört eine Suppe dazu, die gegen Ende des Mahls gegessen wird.

Für die Vietnamesen sind alle Mahlzeiten Gemeinschaftsache und je mehr Leute am Tisch sitzen, desto größer ist die Auswahl. Alles kommt auf Tellern oder in Schüsseln in die Mitte des Tisches, jeder bedient sich nach Geschmack. Gegessen wird mit Stäbchen.

Geschmacksvarianten

Chinareisenden wird dies alles sehr bekannt vorkommen, doch die Unterschiede werden Ihnen als Erstes auf den Tisch gestellt: ein kleiner Teller mit einer Pfeffer-Salz-Mischung, die Fischsauce *nuoc mam* und eine Schüssel mit Salatblättern (ohne Sauce) und Kräuterzweigen wie Zitronengras, Minze und Koriander. Rohe Blätter gibt es in China praktisch nie,

Gesund: frisches Gemüse

in Vietnam werden sie in die Fischsauce getunkt oder mit den folgenden Speisen gegessen. Die kleinen Frühlingsrollen etwa, gefüllt mit Gemüse, Krabben oder Schweinefleisch, werden in Salatblätter gewickelt und in Sauce getaucht. Als Besucher sollte man allerdings mit Rohkost sehr vorsichtig sein. Die Mischung aus Pfeffer und Salz dient auch dem Nachwürzen. Träufeln Sie etwas Zitronen- oder Limonensaft darauf, rühren Sie mit einem Stäbchen um und tunken Sie nach Bedarf trockene Teile des Essens ein. *Nuoc mam,* wörtlich »Wasser vom gesalzenen Fisch«, ist das Nationalgewürz schlechthin. Gesalzener Fisch fermentiert in speziellen Fässern etwa ein Jahr, bis ein hoch konzentrierter Sud entstanden ist, der genauso riecht, wie man sich das vorstellt. Jede Hausfrau und Köchin hat dann ihr eigenes Rezept, wie der Sud mit Essig, Zitronensaft, Knoblauch, Zucker, Chili und Koriander zu einer genießbaren Sauce gestreckt wird.

Als Nachtisch empfiehlt sich Obst. Ananas, Wassermelonen, Bananen, Litschis, Longan, Mangos, Papayas und Pomelos erfrischen. In den Großstädten gibt es gute, gelegentlich sehr süße Kuchen aus Teig oder Klebreis. Klebreiskuchen mit Sojabohnensprossen und Schweinefleisch in Bananenblättern gedünstet sind vor allem beim Tet (s. S. 29) allgegenwärtig. Neujahr ist auch ein Grund, eine Ente zuzubereiten, die im Alltag zu teuer ist; in den Berggebieten leistet man sich dann Wildschwein und Reh.

Getränke

In Plastikflaschen abgefülltes Trinkwasser gibt es überall im Land. Noch erfrischender ist das sprudelnde Mineralwasser, *soda* (Betonung auf der zweiten Silbe) genannt. Neben süßer Limonade aus einheimischer Produktion finden Sie die bekannten internationalen Soft Drinks. Herrlich erfrischt Kokosnusssaft, der hygienisch in der eigenen »Verpackung« serviert wird.

Beliebt zum Essen und in einfachen Kneipen ist Bier. Die in Halbliterflaschen verkauften lokalen Biere schmecken recht wässrig. Wer sich an wirklich gutem vietnamesischen *bia* versuchen will, sollte auf die in Exportqualität oft von Joint-ventures gebrauten Marken setzen, die gerne mit starken Tieren werben. Eine singapurische Brauerei lässt den Tiger für sich sprechen, das mit französischer Unterstützung hergestellte BGI setzt auf den Panther und im Norden ist Halida das beste Bier – mit der Kraft des Elefanten. Ganz ohne Kraftsprüche kommt 333 aus, das auf Vietnamesisch *ba-ba-ba* heißt.

Die Vietnamesen trinken viel grünen Tee. Der einheimische Kaffee tropft vor allem im Norden dickflüssig und schwarz durch ein spezielles Sieb in ein Glas; bei *ca phe sua* befindet sich darin bereits gesüßte Kondensmilch, doch der richtige Aufrüttler ist der schwarze *ca phe den* – perfekt und praktisch serviert in einem kleinen Glas, das in einer mit heißem Wasser gefüllten Essschale steht.

Unterkunft

In den letzten Jahren wurden in den Großstädten zahlreiche neue Hotels gebaut und alte modernisiert, vor allem in Hanoi und Ho-Chi-Minh-Stadt. Angesichts der ständig steigenden Besucherzahlen sind die Preise inzwischen recht hoch.

Den besten Standard erreichen die Hotels, die als Joint-ventures mit ausländischen Gesellschaften betrieben werden. Sie bieten internationales Niveau, von Klimaanlage und Minibar bis zu Englisch sprechendem Personal und 24-Stunden-Service.

Bei den staatlichen Häusern hat sich die Lage auch schon wesentlich verbessert, manchmal hapert es noch an Sprachkenntnissen und Service. Oft sind allerdings die Restaurants solcher Hotels ganz gut. Nur in wirklich sehr abgelegenen Regionen ist der Standard noch sehr niedrig.

Langsam wird Vietnam auch für Strand- und Resorturlaube entdeckt. Das in drei Stunden von Saigon aus zu erreichen Phan Thiet, die Inssel Phu Doc bei Nha Trang und der China Beach Da Nang sind am beliebtesten...

Minihotels

Als neue Erscheinung der Privatwirtschaft tun sich die Minihotels hervor, meist Familienbetriebe, etwa in der Hanoier Altstadt oder in der Gegend um den Ben Thanh-Markt in Saigon. Hier sind die Zimmer klein, aber sauber, Einrichtung und Service reichen nicht weit, doch die Gastleute sind meist freundlich und hilfsbereit. Die Preise liegen zwischen 20 und 40 US$ pro DZ.

Reisewege und Verkehrsmittel

Anreise

Die beiden Metropolen Hanoi im Norden und Ho-Chi-Minh-Stadt (Saigon) im Süden werden inzwischen von vielen europäischen Hauptstädten direkt angeflogen. Auch aus den asiatischen Großstädten gibt es zahlreiche Verbindungen, vor allem aus Bangkok, aber auch aus Hongkong und Singapur. Als dritter internationaler Flughafen Vietnams ist Da Nang ausgewiesen, der derzeit von Bangkok und Singapur angeflogen wird; weitere Verbindungsstädte werden hinzukommen.

Auch die Verbindungen zu bedeutenden Sehenswürdigkeiten der Region werden besser, so gibt es Direktflüge sowohl von Hanoi als auch Saigon nach Siem Reap zur Besichtigung von Angkor in Kambodscha.

Auf dem Landweg bestehen Zugverbindungen zwischen Hanoi und China, nämlich mit Kunming, Hauptstadt der Provinz Yunnan, sowie mit Nanning, Hauptstadt der autonomen Region Guangxi. Inzwischen sind auch mehrere Übergänge nach Laos und Kambodscha geöffnet, in der Praxis kommt aber wohl nur Moc Bai an der legendären Straße 1 zwischen Saigon und Phnom Penh in Frage. Zwischen diesen beiden Städten verkehren jetzt auch Boote (s. auch S. 8). Auf jeden Fall müssen die entsprechenden Visa im Vorhinein besorgt werden.

Reisen im Land

Die **Flugverbindungen** mit Vietnam Airlines werden immer dichter und zuverlässiger, die Maschinen moderner.

Zwischen Hanoi und Ho-Chi-Minh-Stadt geht fast jede Stunde ein Flieger, Da Nang wird täglich von beiden Städten angeflogen, andere Großstädte mehrfach pro Woche. Als Engpass erweist sich immer wieder Hue, das man besser über Land von Da Nang aus erreicht.

Täglich gibt es **Zugverbindungen** zwischen Hanoi und Ho-Chi-Minh-Stadt. Der Wiedervereinigungs-Express zuckelt dreimal täglich von Nord nach Süd und umgekehrt. Es empfiehlt sich, per *soft sleeper* der Ersten Klasse zu reisen und rechtzeitig zu buchen. Auch Teilstrecken, zum Beispiel von Hanoi nach Hue oder über den Wolkenpass, sind ganz reizvoll.

Ausländer müssen Transporte in US$ begleichen. Noch zahlen sie für Flüge, Züge und einige Busse einen höheren »Ausländerpreis« (Vietnam Airlines plant, ihn abzuschaffen).

Bei individuellen Rundreisen hat sich ein **Mietwagen** mit Fahrer bewährt (selbst fahren ist Touristen verboten). Der Preis richtet sich nach Fahrzeug und gefahrenen Kilometern, hinzu kommt eine Tagespauschale für Fahrer und, falls vorhanden, Dolmetscher. Je nach Auto, Mietort und Verhandlungsgeschick zahlen Sie pro Tag ab 40 €.

Zahlreiche lokale Reiseveranstalter und Hotels bieten zwischen den wichtigsten Touristenstädten **Minibusse** zu Festpreisen an. Sie sind billiger und schneller als der Zug, manchmal halten sich die Fahrer aber für Formel-1-Piloten.

Sinh Café (248 De Tham St., Saigon, Tel. 08/8367338, Hue, Tel. 054/822121, www.sinhcafevn.com) hat sich zu einem der größten und zuverlässigsten Busunternehmen entwickelt, das Langstrecken Richtung Norden, ins Hochland und bis nach Kambodscha organisiert sowie täglich Ausflüge in die Umgebung von Saigon und ins Mekong-Delta.

Die langsamen Züge lassen die Zeit vergessen

In den großen Städten gibt es mittlerweile genug **Taxis** mit Taxameter, die an den internationalen Hotels warten oder aus dem fließenden Verkehr herangewunken werden können.

Die typischen *cyclos*, **Fahrradrikschas** (Preis ausgehandeln!), werden seltener, immer beliebter hingegen die **Moped-Taxis** (Honda om), die allerdings keine offizielle Lizenz haben, der Preis ist Verhandlungssache.

In den meisten Touristenstädten kann man **Fahrräder** in Hotels und Fahrradshops mieten.

Ob die Reiseroute von Norden nach Süden oder umgekehrt verlaufen sollte, wird weitgehend von praktischen Gesichtspunkten abhängen, zum Beispiel vom Wetter. Die Organisation einer individuell im Land arrangierten Reise dürfte im Süden einfacher zu bewerkstelligen sein als im Norden. Die kulturelle Entwicklung hingegen lässt sich von Norden nach Süden besser nachvollziehen.

Karte Seite 40

**Hanoi

Die Last des Nordens

Die vietnamesische Hauptstadt vermittelt eine melancholische Schwere, die nicht allein aus der strengen sozialistischen Bürokratie resultiert, sondern gleichzeitig den Zug des Kolonialismus des 19. Jhs. trägt. Hier blieben – geradezu einzigartig in Asien – die baumbestandenen Boulevards mit ihren Villen weitgehend erhalten, dazu die faszinierende Altstadt der Handwerker. Auf den Spuren der neueren Geschichte wandeln Sie im Regierungsviertel. Bedeutende Tempel sind in Tagesausflügen erreichbar. Als Stützpunkt im Norden empfiehlt es sich, eine knappe Woche für Hanoi und Umgebung einzuplanen.

Geschichte

Dass eine Stadt bald ihre Tausend-Jahr-Feier ausrichten kann, kommt in Asien nicht so häufig vor, doch für Hanoi ist das Gründungsjahr 1010 belegt. Damals ließ sich Ly Thai To, einer der beliebtesten Herrscher und Begründer der Ly-Dynastie, am rechten Ufer des Roten Flusses nieder, als er dort einen goldenen Drachen aufsteigen sah, nach dem er seine Hauptstadt »Thang Long« benannte. Die Vietnamesen hatten zwar die chinesische Herrschaft abgeschüttelt, hielten aber das philosophische und gesellschaftspolitische Ordnungssystem Chinas weiterhin für angemessen: den Konfuzianismus. Sie bauten 1070 eine Beamtenakademie mit Konfuziustempel.

Nachdem die Dynastien Ly und Tran sich überlebt hatten, brachen unruhige Zeiten an, erkennbar an Namenswechseln. Die Ho-Könige hatten zwei Residenzen, sodass aus Thang Long die »Östliche Hauptstadt«, *Dong Do*, wurde. Die Le-Könige nannten sie *Dong Kinh,* woraus die Franzosen die Bezeichnung Tongking für Nordvietnam ableiteten. Viele Machthaber ändern aber nicht nur die Namen von Städten, sondern machen sie erst einmal dem Erdboden gleich, um auf den Ruinen ihr eigenes Reich zu schaffen. Hanoi ereilte dieses Schicksal 1820 und 1848, als die Nguyen-Dynastie die Konkurrenz zu ihrer Hauptstadt Hue beseitigte und den Namen auf die geographische Bezeichnung *ha* für Fluss und *noi* für innen, also etwa »in der Flussbiegung«, herabsetzte. Auch die Franzosen zerstörten 1882 große Teile der Stadt, schütteten den Hoan-Kiem-See zur Hälfte zu und legten die breiten Alleen südlich und östlich des Sees mit Oper, Kirchen, Residenzen und Villen an, die neben der zu dieser Zeit ebenfalls stark umgebauten Altstadt das Zentrum Hanois bis heute beherrschen.

Für die Kommunisten blieb Hanoi die Hauptstadt, in der sie zuerst 1945, endgültig dann 1954 die Macht übernahmen. Sie setzten nur mit wenigen Neubauten Akzente, läuteten aber mit der Umwidmung vieler Gebäude auch deren Verfall ein, der heute teilweise wieder gebremst wird. Eine der zahllosen Verwaltungsreformen gliederte Hanoi weite ländliche Bezirke an und stellte die Hauptstadt unter die direkte Verwaltung der Zentralregierung. Von den rund 4 Mio. Bewohnern lebt gut eine Million im eigentlichen Stadtbereich.

Seit einigen Jahren verändert der Bauboom mit Hochhäusern im Zentrum und modernen Villen am Westsee das Gesicht der Stadt allerdings beträchtlich.

Karte Seite 40

Der Pavillon wurde zu Ehren der Schildkröte errichtet

Weg 1

1 Am **Hoan-Kiem-See

Einen Rundgang durch das französisch geprägte Hanoi beginnen Sie am besten dort, wo die ehemaligen Kolonialherren das kulturelle Sahnehäubchen auf ihre sonst wenig kulturfördernden Aktivitäten setzten, im ehemaligen Gebäude der École Française de l'Extrême Orient, in dem, vielleicht als kleiner Vergeltungsakt, das heutige **Historische Museum** ❶ die Geschichte als quasi zwangsläufige Entwicklung von der Steinzeit bis zur Vertreibung der Franzosen darstellt. Zwischen den vielen Nachbildungen und Zeichnungen finden sich einige bedeutsame Exponate, etwa Trommeln aus der bronzezeitlichen Dong Son-Kultur, sodass es sich lohnt, das 1930 in einer Mischung aus europäischer Solidität und orientalischem Dekor erbaute Haus nicht nur von außen zu betrachten. (Di–So 8.30 bis 11.30, 13.30–16.30 Uhr.)

Schräg gegenüber wird in ähnlicher Weise im alten französischen Zollhaus, jetzt **Revolutionsmuseum** ❷, der Befreiungskampf dargestellt (Öffnungszeiten: Di–So 8–11.45, 13.30 bis 16 Uhr). Einige Schritte entfernt liegt am Ende des einstigen Flanierboulevards Rue Paul Bert die **Oper,** 1911 als kleinere Kopie der Pariser Oper eröffnet.

Die **Pho Trang Tien** hat einiges von ihrer Geschlossenheit verloren, ist aber immer noch gesäumt von Läden und Cafés.

In der Pho Ngo Quyen taucht die ansehnliche Fassade des **Hotel Métropole** ❸ hinter den Bäumen auf. Das 1910 eröffnete Luxushotel wurde Anfang der 1990er Jahre vollständig restauriert und später mit einem modernen Anbau versehen. Es ist nicht billig, aber zumindest eine Erfrischung sollten Sie sich gönnen.

Schräg gegenüber liegt ein weiterer Markstein französischer Kolonialherrschaft, die **Residenz des Gouverneurs von Tongking,** heute ein Gästehaus der Regierung.

Weil der Rote Fluss früher durch ein anderes Bett strömte, finden sich im Stadtgebiet von Hanoi zahlreiche

Karte Seite 40

Im Wasserpuppentheater wird ein Beamter nach der Rückkehr vom Examen empfangen

Seen, aber an keinem hängt das Herz der Vietnamesen so wie am ****Ho Hoan Kiem.** Die Schildkröten-Legende erklärt den Namen des »Sees des zurückgegebenen Schwerts«: Anfang des 15. Jhs. kämpfte der Großgrundbesitzer Le Loi gegen die Chinesen, die wieder ins Land eingefallen waren, konnte sie aber nicht zurückdrängen. Da tauchte aus dem See eine goldene Schildkröte auf und reichte ihm ein Schwert, das ihn unbesiegbar machte. Bei seiner Siegesparade erschien jedoch die Schildkröte erneut und forderte das Schwert zurück. Bevor Le Loi, der spätere König Le Thai To, sich entscheiden konnte, schwebte das Schwert aus der Scheide und verschwand mit der Schildkröte im See. Le Loi ernannte das Tier daraufhin zum Schutzgeist des Sees.

Im 19. Jh. wurde der Schildkröte zu Ehren ein Pavillon auf einer kleinen Insel im See errichtet, der bis heute Wahrzeichen Hanois ist. Das Vertrackte an der Legende vom Ho Hoan Kiem ist, dass 1968 tatsächlich eine 2,10 m lange und 250 kg schwere Schildkröte im See gefunden wurde, die etwa 400 Jahre alt sein soll. Sie ruht heute, präpariert, in einem Glaskasten im Den Ngoc Son auf der größeren Insel.

Auf dem Weg zur Insel kommen Sie am modernen Rathaus und dem **Wasserpuppentheater** ❹ vorbei, in dem täglich mehrere sehenswerte Vorstellungen stattfinden (s. S. 37).

Vom Ufer führt neben dem pinselförmigen Turm für die Literaten eine rote Holzbrücke auf die künstliche Insel mit dem **Den Ngoc Son.** Im Tempel aus dem 18. Jh. wird des Mongolenbezwingers Tran Hung Dao (im dritten Raum) gedacht, während im zweiten Raum Van Xuong, der Beschützer der Literaten, und La To, der Schutzgott der Mediziner, verehrt werden. Auch die anderen Holzfiguren der Gebetsstätte sind phantasievoll geschnitzt.

Weg 2

1 Die **Altstadt

Nördlich des Sees erstreckt sich das alte Viertel der Handwerker zwischen dem Flussdeich und der Zitadelle. Die Handwerker waren in Zünften organisiert, die jede Betätigung von Nichtmitgliedern unterbanden. Außerhalb der Städte hatten sich oft ganze Dörfer auf ein bestimmtes Handwerk spezialisiert, etwa die Herstellung von Möbeln oder handgemalten Neujahrsbildern. Entsprechend teilte sich die Handwerkerstadt in quadratische Viertel, die mit Mauern und Wällen voneinander abgeschlossen waren und wie ein Dorf einen eigenen Tempel und ein Versammlungshaus besaßen. Im 19. Jh. waren zu viele Menschen zugezogen, sodass die Trennmauern abgerissen wurden.

Karte Seite 40

Das Quartier der Handwerker

Geblieben sind die Straßennamen, die auf die Spezialisierung der Bewohner hinweisen. Sie beginnen alle mit *hang* für »Ware«, und so können Sie von der Pho Hang Non, der Hutgasse, in die Pho Hang Thiec, die Zinngasse, oder in die Pho Hang Dieu, die Pfeifengasse, abbiegen. Dort liegt dann ein Laden neben dem nächsten. Heute zeigt die Altstadt leider kein geschlossenes Bild mehr. Viele Läden verkaufen textilen Ramsch oder moderne Produkte. Zunehmend werden auch in harmonische ein- bis zweistöckige Häuserzeilen wesentlich höhere Betonklötze gerammt, oft ohne Genehmigung. Angesichts der hygienischen Bedingungen in den Altbauten ist eine Sanierung zwar verständlich, doch hätte man sicherlich etwas schonender mit diesem Juwel Hanois umgehen können.

Falls Sie wenig Zeit haben, folgen Sie zunächst der breiten Hang Dao, der einstigen Seidengasse, mit ihren Textil- und Schuhläden, und biegen Sie dann in die Hang Buom, die Segeltuchgasse, ein. Über die Pho Dao Duy Tu gelangen Sie zu einem **Stadttor** ❺ aus dem 16. Jh., einem von ursprünglich 16 in der Außenmauer. Die Hang Chieu, die Mattengasse, führt zurück auf die Hauptstraße, die dann Dong

2 Wasserpuppen

Vom Kasperle bis zum indonesischen Schattenspiel, überall dient Puppentheater der Unterhaltung und Belehrung, der Überlieferung von Geschichten und Legenden. Im Norden Vietnams rauschen große Holzpuppen durchs Wasser. Schon im 11. Jh. berichteten Reisende über Vorstellungen an Adelshöfen, später waren dann Tempelfeste Orte der Darbietungen. Einer der bekanntesten Meister gründete die Thay-Pagode unweit von Hanoi (s. S. 47), wo heute an Festtagen wieder gespielt wird. Eine Zeitlang lehnte die Partei das Puppenspiel als »bürgerlich« ab, besann sich aber eines Besseren. Früher schon waren die Spieler in Gilden streng organisiert und wurden von Meistern angeleitet, die Texte und Spieltechnik nur mündlich weitergaben. Gleiche Strenge herrschte bei den Puppen schnitzenden Kunsthandwerkern.

Die Spieler stehen bis zu den Hüften in einem Wasserbecken hinter einem Bambusvorhang und führen die bis zu 70 cm großen, einzeln oder als Gruppe montierten Puppen an Stäben, die im Wasser verborgen bleiben. Dies ist nicht gerade gesund und sehr anstrengend, aber trotzdem geht es lustig zu in den kurzen Szenen aus Legenden und dem ländlichen Alltag.

Da tauchen Drachen und Fabeltiere aus den Fluten auf, Bauern setzen Reis oder fangen Fische und Frösche. Die Musiker geben dann ihr Bestes auf den traditionellen Instrumenten, der Sprechgesang intoniert den Dialog oder beschreibt die Szene. Wenn gerade kein Tempelfest ansteht, kann man sich das Spiel im Wasserpuppentheater in Hanoi (s. S. 36) oder im Historischen Museum in Saigon (s. S. 55) ansehen.

Karte Seite 40

Café in der Altstadt

Xuan heißt und Namensgeber für die **Markthalle ❻** war, die die Franzosen 1889 aus hygienischen Gründen verordneten. Heute schmückt nur noch ein Teil der alten Fassade den neuen Betonklotz. Lassen Sie sich noch etwas Zeit, um auf dem Weg zurück zum See einige der lebhaften Gassen zu entdecken.

Am Westufer des Sees stoßen Sie auf das **Thuy Da Café,** in dem Sie direkt am Wasser sitzen. Zwei Ecken weiter, 14 Nha Tho, bietet das mit Ziegelmauern dekorierte **Moca Café** erstklassige vietnamesische Kaffeesorten, Cocktails sowie leichte Speisen.

Tempel und Macht

Von dieser Uferstraße biegen Sie dann im spitzen Winkel in die Pho Hang Trong ein und nach einigen Metern links in die Pho Nha Tho, wo direkt auf der linken Seite beim Haus Nr. 3 ein Gang zum ***Chua Ba Da ❼** führt. Der Name stammt von einer steinernen Frauenfigur, die nach Berichten im 11. Jh. beim Bau von König Ly Thai Tos Zitadelle gefunden wurde und hier einen würdigen Standort erhielt. Die Statue ist nicht erhalten und nur die Grabstupas im ersten Hof sollen noch aus der Gründungszeit stammen. Dennoch ist der Tempel sehr interessant, nicht nur weil hier häufig Totenfeiern abgehalten werden, sondern auch, weil der enge und niedrige Innenraum mit mehreren Altären eine besonders würdevolle Atmosphäre ausstrahlt.

Am Ende der Straße stand die größte Pagode Hanois, die die Franzosen zerstörten, um an dieser Stelle eine katholische **Kathedrale** zu bauen, die 1886 dem hl. Joseph geweiht wurde. Der Baustil orientiert sich an der Gotik Nordfrankreichs. Das einst bunt bemalte Gotteshaus ist heute ein grauer Klotz und erscheint als Gewaltdemonstration vergangener Zeiten.

In der Umgebung der Kathedrale, v. a. in der **Nha Tho** und der **Hang Trong** haben sich einige stilvolle Läden mit Kunst, Kunsthandwerk und Antiquitäten oder nachgemachten alten Möbeln angesiedelt. Die Preise sind hoch, sodass man sein Verhandlungsgeschick erproben sollte.

Weg 3

Vom Literaturtempel zum Westsee

3 **Literaturtempel ❽

Der vietnamesische Adel schwankte immer zwischen Kooperation mit den chinesischen Besatzern und eigener Machtausübung. So verwundert es nicht, dass er den Konfuzianismus als

Ideologie der gesellschaftlichen Hierarchie und zur Ausbildung staatstreuer Beamter übernahm, als die chinesischen Verwalter im 11. Jh. vertrieben waren. 1070 ließ König Ly Thanh Tong in der neuen Hauptstadt eine Schule für die Prinzen mit einer Konfuzius-Kultstätte bauen, die in späteren Jahren um mehrere Höfe erweitert wurde.

Konfuzianische Ideologie

In ihrer heutigen Form folgt die Anlage bis in Details chinesischen Vorbildern. Aus Respekt vor Konfuzius musste jeder, der das südliche Tor passierte, vom Pferd oder aus der Sänfte steigen, woran zwei kleine Stelen an der Straße erinnerten. Ein dreiflügliges Eingangstor gibt den Weg frei in den ersten Prüfungshof.

Das dritte Tor auf der zentralen Achse ist heute ein Wahrzeichen Hanois: Dem **Khue Van Cac Mon** wurde 1802 ein hölzerner Pavillon aufgesetzt, in dem sich Literaten ihre Werke vorlasen und disputierten. Sehr prägnant sind die runden Fenster, dekoriert mit Leisten, die wie Sonnenstrahlen in alle Richtungen streben. Von dort konnten die Dichter auf den quadratischen, »Quelle des himmlischen Lichts« genannten Teich im nächsten Hof blicken und auf die großen Steinstelen, die auf individuell gestalteten Schildkröten, Symbolen des langen Lebens, ruhen. Einige gingen verloren, doch 82 Stelen mit 1306 eingemeißelten Namen von erfolgreichen Prüflingen sind erhalten.

Die Nationalakademie war keine Universität, sondern eine Ausbildungsstätte für Beamte, die die konfuzianischen Klassiker erlernten. Zum Schluss legten sie schwierige Prüfungen ab, wenn sie die auf nationaler Ebene geschafft hatten, wurde ihr Name in eine Stele eingemeißelt und sie konnten einen hohen Posten in der

Die Statue des Konfuzius im Literaturtempel

Verwaltung bekommen. Noch bis 1913 wurden die Prüfungen abgenommen.

Durch ein weiteres Tor betritt man den Tempelbereich. Am Kopfende des Innenhofs liegen hintereinander eine Zeremonialhalle und der eigentliche Konfuziustempel. Die Dekorationen der Säulenhalle zeigen Drachen und Phönixe als Symbole des Universums. Den Altar in der Mitte mit der Ahnentafel des Konfuzius bewachen zwei große Bronzekraniche, während eine Bronzeglocke aus dem Jahr 1768 und ein Klangstein mit einer Inschrift über die Zeremonien bereits den Weg zum hinteren Gebäude weisen. Dort sitzt – meist in geheimnisvoller Dunkelheit – Konfuzius, umgeben von seinen wichtigsten Schülern. Der letzte Hof, der die Schulgebäude barg, wurde inzwischen restauriert.

Kontrollierte Kunst

Jenseits der Pho Nguyen Thai Hoc gibt es im renovierten **Museum der Schönen Künste** ❾ traditionelle und moderne Kunst zu bestaunen. Einige Ex-

Karte Seite 40

Ho Tay
(Westsee)
Ho
Truc
Bach
Phuc Yen
Duong Thanh Nien
Duong Yen Phu
Duong Thuy Khue
Pho Quan Thanh
Pho Cua Bac
Pho Phan Dinh Phung
Pho Hang Dau
Pho Gam Cau
D. Tran
Co Nhue
Duong Hung Vuong
Ba-
Dinh-
Platz
Pho Hoang Dieu
Pho Nguyen Tri Phuong
Pho Ly Nam De
Pho Phung Hung
P. Hang Cot
P. Hang Luoc
P. D. Xuan
P. Hang Chi
P. Hang Vai
P. Hang
Pho Doi Can
Duong Dien Bien Phu
Le Hong Phong
Pho Bat Dan
Pho Hang Bo
P. Hang Dao
Pho Hang Gai
Pho Tran Phu
Pho Nguyen Thai Hoc
Pho Hang Bong
Pho Nha Chung
Le Thai To
Pho Trang Thi
Pho Ton Duc Thang
Pho Quan Su
Pho Hai Ba Trung
Bahn-
hof
Botschafter-
Pagode
Pho Ly Thuong
Pho Tran Hung Dao
Kultur-
palast
Pho Quang Trung
Duong Le Duan
Pho Nguyen Du
Pho Kham Thien
Pho Tran Nhan Tong
Lenin-Park
Pho Ba Trieu
Ha Dong
Ho Bay Mau
Ninh Binh
1 2 3 6 7 8 9 10 11 12 13 14 15 16 17 18 19

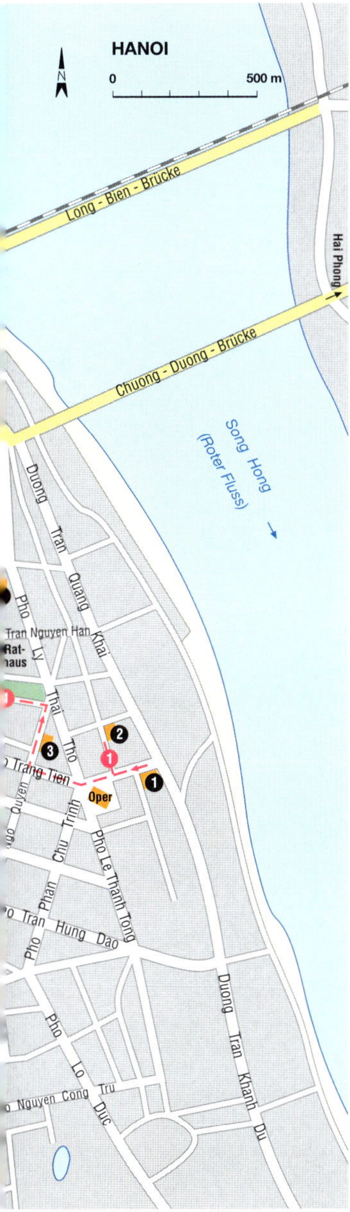

Weg 1

❶ Historisches Museum
❷ Revolutionsmuseum
❸ Hotel Métropole
❹ Wasserpuppentheater

Weg 2

❺ Stadttor
❻ Markthalle
❼ Chua Ba Da

Weg 3

❽ Literaturtempel (Van Mieu)
❾ Museum der Schönen Künste
❿ Flaggenturm
⓫ Armeemuseum
⓬ Mausoleum Ho Chi Minhs
⓭ Präsidentenpalast
⓮ Wohnhaus Ho Chi Minhs
⓯ Einsäulenpagode
⓰ Ho-Chi-Minh-Museum
⓱ Den Quan Thanh
⓲ Chua Tran Quoc
⓳ Ethnologisches Museum

Karte Seite 40

ponate sind Kopien, etwa die berühmte tausendarmige Quan Am aus dem Chua But Thap (s. S. 48), doch andere Tempelfiguren und Steinmetzarbeiten aus dem 17. und 18. Jh. sind Originale. Dazu Kunsthandwerk der Bergvölker, Wasserpuppen, Gemälde und Skulpturen aus den verschiedenen Phasen des 20. Jhs., in einem Seitenbau aktuelle Ausstellungen. (Öffnungszeiten: Di–So 8.30–17 Uhr, Mi, Sa bis 21 Uhr.)

Ein paar Straßen weiter umweht den Genossen **Lenin** der Mantel der Geschichte in einem kleinen Park an der Duong Dien Bien Phu. Der Revolutionär blickt entschlossen über die Straße auf die Zitadelle, das von einer hohen Mauer umschlossene Militärareal, aus dem der 60 m hohe **Flaggenturm** ⑩ ragt. König Gia Long ließ ihn Anfang des 19. Jhs. erbauen, als Kopie des Turms in Hue. Er ist das einzige Relikt aus dieser Zeit in dem Gelände, das bis heute vom Militär genutzt wird.

Im Hof des **Armeemuseums** ⑪ stehen vietnamesische Kanonen und anderes Kriegsgerät neben den Überresten einer abgeschossenen amerikanischen B 52. Die Räume zeigen Kleinwaffen, Uniformen und Gerät sowie strategische Zeichnungen aus den zahlreichen Kriegen. (Di–So 8 bis 11.30, 13–16.30 Uhr.)

Das Zentrum der Macht

Das Viertel zwischen Zitadelle und Ba-Dinh-Platz ist vielleicht die geschlossenste Einheit französischer Kolonialvillen auf der Welt. Alte Bäume in Gärten und entlang der Straßen spenden Schatten und zwischen ihnen ragen die zwei- oder dreistöckigen Ziegelbauten auf. Die meisten sind heute **Botschaften,** vor allem der sozialistischen Bruderländer, die nach dem Abzug der Franzosen hier Quartiere in bester Lage erhielten.

Der schattige Spazierweg führt direkt zum **Ba-Dinh-Platz,** dem großen Aufmarschort, an dem rechts das Außenministerium und dahinter das neue Parlamentsgebäude liegen.

Ihm gegenüber fühlt man sich erneut an Lenin erinnert, geriet das **Mausoleum Ho Chi Minhs** ⑫ doch zur vergrößerten Kopie der Ausstellungsstätte auf dem Roten Platz in Moskau. Mausoleum, Präsidentenpalast und Wohnhaus Ho Chi Minhs in der Nähe können nur mit offizieller Begleitung besucht werden (tgl. außer Mo, Fr 9 bis 11 Uhr (April–Sept.), 7.30–10.30 Uhr (Dez.–März), Okt., Nov. geschlossen). Das Empfangsgebäude für Besucher befindet sich an der Südwestecke des Platzes. Dort müssen Sie Taschen und Kameras abgeben. Ärmellose T-Shirts oder Shorts sind nicht erlaubt. Wo heute das Mausoleum steht, verkündete Ho Chi Minh am 2. September 1945 die Unabhängigkeit. So ruht der Revolutionär zwar an historischem Ort, einbalsamiert in einem Glassarg, doch er wollte, dass seine Asche über dem Land verstreut werden sollte.

Den heutigen **Präsidentenpalast** ⑬ dachten sich zwei deutsche Architekten aus. Als er 1906 fertig gestellt war, dienten seine 60 prunkvollen Räume 23 französischen Generalgouverneuren bis 1954 als Dienstsitz, nur kurz unterbrochen vom japanischen Oberkommando im Jahr 1945. Doch Ho Chi Minh wollte in diesem Fürstenpalast nicht leben, sodass er bis heute nur für offizielle Empfänge genutzt wird. Der genügsame Onkel Ho wandelte lieber zwischen den Bäumen des kleinen Parls hinter dem Palast und ließ sich aus Holz ein bescheidenes, zweistöckiges **Wohnhaus** ⑭ an einem künstlichen See bauen (tgl. 7–16 Uhr).

Karte Seite 40

Die Einsäulenpagode

**Einsäulenpagode und *Ho-Chi-Minh-Museum

Keine 200 m entfernt liegt der Tempel, der für die Vietnamesen vielleicht am stärksten identitätsstiftend ist. 1049 ließ König Ly Thai Tong einen Holztempel von 3 m Seitenlänge erbauen, der auf einem einzelnen Baumstamm aus einem künstlichen See ragte und deshalb **Einsäulenpagode** ⓯ genannt wird. Nach der Legende erschien dem kinderlosen König eines Nachts die Göttin der Barmherzigkeit mit einem Kind. Der König interpretierte dies als deutliches Zeichen, eine junge Bäuerin zur Konkubine zu nehmen, die ihm tatsächlich einen Thronerben gebar. Aus Dankbarkeit baute er Quan Am die Pagode, die mehrfach erneuert wurde. 1955 ersetzte man den Stamm durch eine Betonsäule.

Das benachbarte **Ho-Chi-Minh-Museum** ⓰ wurde 1990 zum 100. Geburtstag des hoch verehrten Hos eröffnet. Und die verantwortlichen Kulturfunktionäre haben es tatsächlich gewagt, vom üblichen belehrenden Museumskonzept abzuweichen und Künstlern den Auftrag zu erteilen, die Lebensstationen des Präsidenten vor dem Hintergrund der Weltgeschichte zu präsentieren (tgl. außer Mo und Fr nachmittag 8–11.30 und 13.30–16 Uhr).

Ho Chi Minh wird hoch verehrt

Von hier geht es zurück um den Ba-Dinh-Platz und auf der Duong Hung Vuong zum 530 ha großen **Westsee** *(Ho Tay)*, urspünglich ein Seitenarm des Roten Flusses, der nur gut 1 m tief ist. Schon vor Jahrhunderten baute der Adel prachtvolle Villen an die Ufer, heute folgen ihm Parteikader und Neureiche. Im Jahr 1620 wurde durch einen Damm der »See der Weißen Seide« abgeteilt. Der Name rührt daher, dass ungehorsame Konkubinen hierhin verbannt wurden und zur Strafe weiße Seide weben mussten.

Der Beschützer des Sees

An der Südostecke des Sees entstand mit der Gründung der Hauptstadt im Jahr 1010 der Schutzgeisttempel zur Bewachung des Nordtores, der ***Den Quan Thanh** ⓱. Eine hohe Mauer schirmt ihn vom Straßenlärm ab. Die Haupthalle beherrscht eine 4 m hohe Bronzestatue des Geistes Tran Vu, der über den Schwarzen Himmel regiert. Nach der Legende besiegte er ein neunschwänziges Fuchsmonster, den gefürchtetsten Dämon chinesischer

Karte Seite 40

Ho Chi Minh

Am 19. Mai 1890 wurde in einem kleinen Dorf bei Vinh der Knabe Nguyen Sinh Cung geboren, der aber noch viele Namen annehmen sollte, bis selbst Studenten in Berlin seinen Revolutionsnamen *Ho Chi Minh* (»Ho mit klarem Willen«) auf Demonstrationen riefen. Mit 15 besuchte der Sohn eines konfuzianisch gebildeten unteren Beamten ein französisches Gymnasium in Hue und machte sich dann als Matrose auf die Reise nach Europa und Amerika. In Frankreich schloss er sich der kommunistischen Bewegung an, 1923 fuhr er nach Moskau, wo er Funktionär der Kommunistischen Internationalen wurde und nebenbei studierte.

Im Auftrag der Komintern besuchte er China und Thailand und half bei der Gründung der KP Vietnams 1930 in Hongkong. Ein Jahr später wurde er dort verhaftet, konnte jedoch 1933 nach Moskau fliehen. Ende der 1930er Jahre organisierte Ho mit seinen Genossen den Widerstand gegen die Kolonialherren im Grenzgebiet zwischen China und Vietnam. 1941, nach prägenden 30 Jahren in der Fremde, kehrte er in seine Heimat zurück, um die Liga für die Unabhängigkeit Vietnams *(Viet Minh)* zu gründen. 1942 verhaftete die nationalchinesische Guomindang den Revolutionär, der im Gefängnis sein berühmtes Tagebuch schrieb.

In der Augustrevolution von 1945 stieg er zum führenden Kopf der Kommunisten auf, proklamierte am 2. September die Demokratische Republik Vietnam und wurde Präsident und Ministerpräsident. Als die Regierung wegen der Rückkehr der Franzosen in den Dschungel floh, wurde er auch Parteivorsitzender.

Nach dem Sieg in Dien Bien Phu etablierten sich die Kommunisten endgültig in Hanoi, während das Regime im Süden die auf der Genfer Indochina-Konferenz beschlossenen Wahlen aus Angst vor einem Sieg Ho Chi Minhs verhinderte. Mit der Kollektivierung überspannte die Partei jedoch den Bogen: Ho erhielt bis 1960 auch noch das Amt des Parteigeneralsekretärs und milderte die Planwirtschaft ab.

1960 wurde die Nationale Front zur Befreiung Südvietnams (FNL) gegründet, während die USA zunehmend das Diem-Regime im Süden unterstützten. Die kriegerische Eskalation begann. Doch vor dem Waffenstillstand 1973 und der Wiedervereinigung 1975 war der bedeutendste Vietnamese des 20. Jhs. bereits tot. Ho Chi Minh starb am 2. September 1969.

Trotz seiner langen Tätigkeit für die Komintern war Ho nie ein marxistischer Theoretiker. Er lobte die Freiheitsideale der Französischen Revolution und der amerikanischen Unabhängigkeitserklärung, reiste lieber durchs Land, um mit den Bauern zu sprechen, und hielt auf den Parteitagen die kürzesten Reden. Der bescheidene Staatsmann mit schütterem weißen Haar und Bart ist deshalb bis heute im ganzen Land hoch angesehen.

Karte Seite 40

Erzählungen. Tran Vu steht für das *yin* und damit für Dunkelheit und Tod, aber auch für den Norden, weshalb er sich gut als Wächter des (nicht erhaltenen) Nordtores eignete.

Am Ufer des Ho Tay haben einige Restaurantschiffe festgemacht. Dahinter liegt auf einer Halbinsel der **Chua Tran Quoc** ⑱ aus dem 15. Jh. Sein Pantheon blickt über eine baumbestandene Terrasse auf den idyllischen See. In einem restaurierten Hof finden sich zahlreiche Grabstupas von Mönchen und Priestern des Tempels.

*Ethnologisches Museum ⑲

Am nördlichen Stadtrand (und deshalb gut mit der Fahrt zum Flughafen zu verbinden) entstand mit französischer Unterstützung ein modernes Museum für die 54 Völker Vietnams. Es zeigt zahlreiche Fotos, Gegenstände aus Alltag und Kultur sowie einige Häuser. Videos vermitteln einen Eindruck von Sitten und Gebräuchen. (Pho Nguyen Van Huyen, Di–So 8.30 bis 17.30 Uhr.)

Infos

Vorwahl 04

Es gibt kein offizielles Büro, beste Informationsquellen sind Hotels, Reisebüros und einige Cafés in der Altstadt, die aber alle auch Touren verkaufen möchten.

Reisebüros

- **Vietnamtourism,** 30a Ly Thuong Kiet, Tel. 8264089, vntourism@hn.vnn.vn, www.vn-tourism.com
- **Buffalo Tours,** 9B-13 Hang Muoi, Tel. 8280702, Fax 826 9370, www.buffalotours.com
- **Hanoi Tourism,** 18 Ly Thuong Kiet, Tel. 8243011, Fax 8243012, hanoitourism@hn.vnn.vn, www.hanoitourism.com.vn

Cafés als Infobörse

- **Sinh Café,** 30 Hang Be, Tel. 8364212, Fax 7567862, sinhcafe tour@hn.vnn.vn, www.sinhcafe.com
- **Green Bamboo,** 2 A Duong Thanh, Tel. 8286504, Fax 9231210, info@greenbambootravel.com, www.greenbambootravel.com

Flughafen: Der internationale Flughafen befindet sich rund 30 km nördlich der Stadt. Taxi-Preise liegen einheitlich bei 10 US$ für alle Ziele in der Innenstadt. Am günstigsten sind die Minibusse von Vietnam Airlines zwischen Terminal und Stadtbüro am Hoan-Kiem-See. Abfahrt vom Flughafen, wenn sie voll besetzt sind, vom Stadtbüro ab 5 Uhr halbstündlich oder stündlich, Tickets dort am Tag vorher kaufen (4 US$). Infos: **Vietnam Airlines,** 1 Quang Trung, Tel. 8250888, 8253842, www.vietnamair.com.vn.
Bahnhof: an der Duong Le Duan.

Hilton Hanoi Opera, 1 Le Thanh Tong, Tel. 9330500, Fax 9330530, www.hilton.com. Kolonialer Touch, aber neu und mitten im Zentrum – hebt sich durch Farben und Einrichtung vom üblichen Hotel-Einerlei heraus. ○○○

- **Meliá Hotel,** 44 B Ly Thuong Kiet, Tel. 9343343, Fax 9343344, www.solmelia.com. Von außen ist das Fünf-Sterne-Haus keine Schönheit, innen aber ansprechend. ○○○
- **Sofitel Métropole,** 15 Ngo Quyen, Tel. 8266919, Fax 8266920, www.sofitel.com. Renoviertes Kolonialhotel aus dem Jahr 1910, jetzt mit einem modernen Anbau. ○○○

Karte Seite 40

▮ **Sofitel Plaza,** 1 Thanh Nien, Tel. 8238888, Fax 8293888, www.sofitel.com. Luxushotel mit gutem Blick auf den Westsee. Der Clou ist der Pool, dessen Dach im Sommer offen und im Winter verschlossen ist, sodass man ihn ganzjährig benutzen kann. Chinesisches und italienisches Restaurant, mehrere Bars. ❍❍❍

▮ **Church Hotel,** , 9 Nha Tho, Tel. 9288118, Fax 9285793, www.churchhotel.com.vn. Unweit der Kathedrale gelegenes Boutiquehotel mit 26 wohnlichen Zimmern. Sehr beliebt. ❍❍

▮ **Royal,** 20 Hang Tre, Tel. 8244233, Fax 8244234, royaljv@hn.vnn.vn. Solide Mittelkasse, sehr günstig am Rande der Altstadt gelegen. ❍❍

▮ **Sunway,** 19 Pham Dinh Ho, Tel. 9713888, Fax 9713555, sunway.hanoi@fpt.vn. Obere Mittelklasse im Südosten der Stadt mit vernünftiger Ausstattung. ❍❍

▮ **Bodega Cafe & Guesthouse,** 57 Trang Tien, Tel. 8267784, Fax 8267787. Fast legendäre Pension in der Altstadt. Saubere Zimmer und freundliches Personal. ❍

▮ **My Kinh,** 72 Hang Buom, Tel. 8255726. Kleines Minihotel in der Altstadt. ❍

Cay Cau, 17a Tran Hung Dao, Tel. 9331010. Aus einer beeindruckend langen Speisekarte kann man aus dem gesamten Spektrum vom Fleisch-, Fisch- und Gemüsegerichten wählen. ❍❍❍

▮ **Wild Rice,** 6 Ngo Thi Nham, Tel. 9438896. Hier verbindet sich modernes, schlichtes, aber gleichwohl asiatisches Design in einer Villa mit hochwertigen Gerichten aus allen Teilen des Landes. ❍❍❍

▮ **Seasons of Hanoi,** 95b Quan Thanh, Tel. 8435444. In einer renovierten französischen Villa speist man stilvoll, hauptsächlich vietnamesische, einige westliche Gerichte. ❍❍

▮ **Cha Ca La Vong,** 14 Hang Cha Ca, Tel. 8253929. Seit fünf Generationen bietet die Familie nur eine Spezialität an: am Tisch auf Holzkohle gegartes mariniertes Fischfilet – einfach nur köstlich. ❍

▮ **Com Chay Nang Tam,** 79a Tran Hung Dao, Tel. 9424140. Die vegetarische Kost der Buddhisten imitiert Fleischgerichte. Die Portionen sind klein, aber preiswert, so probiert man ein paar Gerichte mehr. ❍

Auch in Hanoi gibt es einen echten **Jazzclub,** in dem der Altmeister Quyen Van Minh und seine Schüler ihre Künste demonstrieren: 31 Luong Van Can, Tel. 8287890, tgl. 9–24 Uhr, Livemusik ab 20 Uhr.

Ausflüge

Tagestouren von Hanoi

Um zumindest einen kleinen Einblick in die traditionelle Lebensweise der Vietnamesen zu bekommen, sollten Sie sich in der Umgebung der Hauptstadt umsehen (am besten per Taxi). Unterwegs werden Ihnen die Dämme

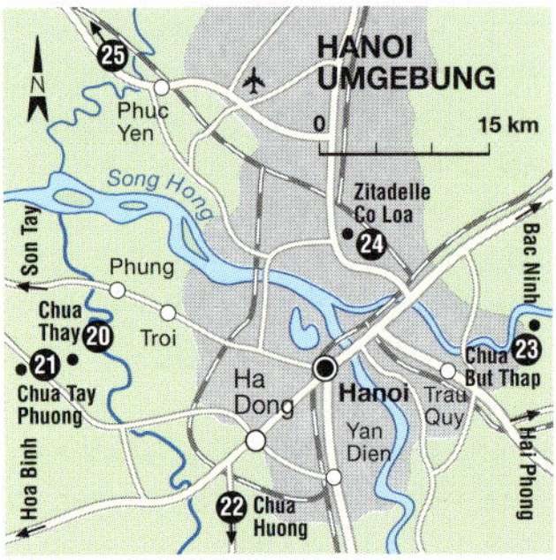

Karte Seite 46

zur Zähmung der Flüsse auffallen, die gleichzeitig Verkehrswege sind, und die Abgeschiedenheit der Dörfer. Dicht drängen sich die Häuser um den *dinh*, das Gemeinschaftshaus, und sind nach außen durch Hecken geschützt. Bedeutende Tempelanlagen schlummern vor sich hin und erwachen nur bei Festen zu buntem Leben.

4 **Chua Thay ⑳

Sechs bis sieben Stunden dauert der Ausflug zu den beiden westlich von Hanoi liegenden Tempeln Chua Thay und Chua Tay Phuong.

In der zweiten Hälfte des 11. Jhs. zog sich der Heilkundige und Mönch Tu Dao Hanh aus einem Dorf bei Hanoi zu einem abgeschiedenen Hügel zurück und baute an einem kleinen See den Chua Thay. Zu Hanhs vielen Talenten gehörte auch die Kunst des Wasserpuppenspiels (s. S. 46), für die er mit dem Titel *thay* (Meister) geehrt wurde, der auch der Pagode den Namen gab. Der kleine Pavillon im See ist heute wieder Kulisse, wenn vom 5. bis 7. Tag des 3. Mondmonats das **Tempelfest** gefeiert wird.

Inspirierte Lage

Der Tempel liegt besonders günstig in seine natürliche Umgebung eingebettet: Die Hügelkette in seinem Rücken wird als schützender Drache interpretiert, mit der Pagode als Kopf, dem abfallenden Hals, dem ansteigenden Körper und dem Schwanz auf der anderen Seite des Sees. Der Vorplatz des Tempels stellt dabei die Zunge dar, die beiden 1602 errichteten überdachten Holzbrücken sind die Augen des Drachen.

Auf dem ansteigenden **Altar** befinden sich von oben nach unten die Buddhas der Vergangenheit, Gegenwart und Zukunft, der Fastenbuddha Tuyet Son, der Dickbauchbuddha Di Lac, eine Quan Am mit tausend Armen, eine Statue des Mönches Tu Dao Hanh und ein kleiner Thich Ca. König Ly Thanh Tong, die Wiedergeburt des Mönches (s. unten), steht links auf der höheren Ebene; die Statue ist flankiert von zwei großen Kranichen mit Briefen im Schnabel, die ihm als Boten dienten. Rechts fällt ein großer Sarkophag ins Auge, der einen statuenförmigen Eukalyptussarg mit dem Skelett des Mönches birgt, das sich angeblich aus dem Sarg erhob, als man diesen später einmal öffnete. Ein innerer Mechanismus wiederholte dies bei den Tempelfesten.

Im rechten Winkel beiderseits der Hauptgebäude reihen sich jeweils neun **La Han-Statuen** (s. S. 26) aus Ton auf, die 300 Jahre alt sein sollen. Über sie wacht auf der linken Seite der Erdgott, rechts ein Gott des vegetarischen Essens. In der hinteren Halle verehren die Mönche verstorbene Äbte, die Familie des Pagodengründers und einen Berggott.

**Chua Tay Phuong ㉑

Auf dem Hügel Cau Lau, rund 10 km weiter westlich, erhebt sich der architektonisch sehr interessante Chua Tay Phuong. Die meisten der frühen Tempel fielen im 15. Jh. erneuten Angriffen der Chinesen zum Opfer, sodass sich ab Mitte des 16. Jhs. ein ganz neuer, sehr solider Baustil verbreitete, der trotz späterer Umbauten an vielen Pagoden des Nordens noch zu erkennen ist. Die gesamte Anlage ist von einer hohen Mauer umgeben, nach deren dreiflügeligem Tor der Stil *tam quan* genannt wird. Der Grundriss des eigentlichen Tempels gleicht einem liegenden H mit einer breiten Vorhalle,

Karte Seite 46

einer schmalen Zwischenhalle und einer wiederum breiten Haupthalle. Die drei Hallen gehen im Innern ineinander über, erscheinen aber von außen wie drei separate Gebäude, was vor allem durch die drei geteilten Dächer erreicht wird. Bei den wichtigen Pagoden handelt es sich um mächtige, teilweise doppelte, mit gebrannten Ziegeln bedeckte Fußwalmdächer, deren Ecken weit nach oben gezogen sind.

Manche Pagoden besaßen vor dem Tor einen Glockenturm; bei allen war als Abschluss der Wohnraum der Mönche mit ihren privaten Altären an die hintere Außenwand angebaut. Seitliche Galerien dienten als Lagerraum und boten Pilgern Schutz.

Der Chua Tay Phuong gehört zu einer frühen Form des *tam quan*-Stils, bei dem die drei Hallen noch nicht zu einem Gebäude verschmolzen sind. Er besitzt besonders eindrucksvolle Dächer und einige Statuen aus dem 18. und 19. Jh. Schon im **Vorraum** zieht eine goldbemalte vielarmige Quan Am die Blicke auf sich; seitlich finden sich die mächtigen Wächterfiguren. In der **mittleren Halle** stehen hintereinander ein kleiner Thich Ca, ein dicker Di Lac, ein Fastenbuddha, flankiert von At Nan und Ca Diep, den besten Schülern Buddhas, und ein stehender Sakyamuni. Die Quan Am Thi Kinh, Barmherzigkeitsgöttin mit Kind, links vom Altar, stammt aus dem 18. Jh.

Die Figurenanordnung in der **Haupthalle** ist etwas ungewöhnlich. Vor den Buddhas der drei Generationen, und nicht wie sonst seitlich, reihen sich die streng dreinblickenden Könige über die zehn Höllen auf und auch die lebensgroßen, sehr lebhaft dargestellten La-Han-Figuren stehen teilweise vor der Rückwand. Insgesamt finden sich hier auch nur 16 statt der üblichen 18 Buddhaschüler.

*Chua Huong ㉒

Der Chua Huong (Parfümpagode), der mit der Legende der Prinzessin in Verbindung steht (s. S. 50), liegt 60 km südlich von Hanoi. Bis zum Dorf Ben Duc führt eine Straße, dort muss man vom Bus bzw. Taxi in ein Boot umsteigen. Auf beiden Seiten des Flusses liegen kleine Tempel für lokale Götter oder zur Erinnerung an die Legende. Flussabwärts dauert die Fahrt durch die Reisfelder etwa eine halbe Stunde.

Die Bootsanlegestelle hat sich mit Erfrischungs- und Souvenirständen auf den wachsenden Strom der Besucher eingerichtet.

Ab hier geht es, vorbei an weiteren Pagoden und Felsentempeln, über Stock und Stein ständig bergauf. Der Weg ist teilweise steil und bei feuchtem Wetter glitschig. Festes Schuhwerk und eine gute Kondition sind daher erforderlich, um nach etwa drei Stunden die herrliche Aussicht vom Gipfel genießen zu können. Oben öffnet sich wie ein gigantisches Drachenmaul der Höhlentempel **Huong Tich,** allerdings ist er weniger beeindruckend als die Aussicht. Von den Figuren im Inneren raubten die Tay Son-Rebellen 1786 die wichtigste und schmolzen sie ein. Die bronzene Quan Am wurde 1793 durch eine Steinstatue ersetzt, in der man die legendäre Prinzessin (s. S. 50) als Inkarnation der Barmherzigkeitsgöttin erkennt.

Der Abstieg geht meist schneller als der Aufstieg, doch für die Bootsfahrt flussaufwärts muss man nun eine ganze Stunde rechnen, sodass Sie von Hanoi insgesamt 8 Stunden unterwegs sind.

Auf dem Weg zum Chua Huong

Karte Seite 46

**Chua But Thap ㉓

Für den Ausflug zum Tempel Chua But Thap und der Festung Co Loa brauchen Sie etwa 5 Stunden. Direkt hinter dem Deich des Song Duong, etwa 30 km östlich von Hanoi, liegt der nach dem Beerdigungsstupa ihres Gründers benannte Chua But Thap, die »Turmpagode«. Dieser Mönch namens Chuyet Chuyet war im 17. Jh. aus China hierher geflohen und starb 1644. Sein Kollege Minh Hanh errichtete sein Grabmal und daneben mit Unterstützung des Königshofs eine große neue Pagode im *tam quan*-Stil (s. S. 48), die vor allem für ihre Figuren bekannt wurde.

Außerhalb der heutigen Mauern stehen das große dreiflügelige Tor und ein zweistöckiger Glockenturm mit der Figur des Jadekaisers unten, des Himmelskönigs oben sowie einer Glocke aus dem Jahr 1815.

Künstlerisch bedeutsamer als die neueren Figuren auf dem Hauptaltar ist die bekannte ****Holzskulptur einer tausendarmigen Quan Am,** in die ungewöhnlicherweise das Entstehungsjahr 1656 eingraviert wurde. Die 3,70 m hohe Statue steht rechts hinten in der Haupthalle. Ein Meerungeheuer mit einer Lotosblume trägt die in Meditationshaltung ruhende Quan Am-Figur, die ein Armpaar im Schoß hält, ein weiteres vor der Brust gekreuzt. 16 Paare wachsen aus dem Rücken und hielten einst ihre Attribute, dahinter fächern sich Arme einer Gloriole gleich auf, Symbol für ihre unendliche Barmherzigkeit. Am Kopf, dem für die Buddhisten wichtigsten Körperteil, trägt die Figur als Zeichen der besonderen Verehrung Buddhafiguren, mit einem Amitabha, dem Buddha des Unermesslichen Glanzes, an der Spitze. 2,2 m hoch ist ein Fastenbuddha aus dem 17. Jh. (links). Beachtenswert sind zudem die 18 **La Han** an den Seitenwänden und die vielen kleineren Figuren einfacher Menschen, die ab dem 17. Jh. die Pagoden volksnaher gestalten sollten.

Eine **Steinbrücke** mit schönen Steinmetzarbeiten führt zu weiteren Gebäuden im Tempelhof.

Legende der Prinzessin

Eine besonders schöne Königstochter wollte keinen ihrer Freier zum Mann nehmen, sondern sich ganz dem Buddha hingeben, womit der König, die Nachfolge im Auge, nicht einverstanden war. Die Prinzessin floh vom Hof und versteckte sich im Kloster. Als der König seinen Soldaten befahl, seine Tochter zu töten, rettete sie ein weißer Tiger und brachte sie in eine Höhle. Gleichzeitig erkrankte der König an Lepra, verlor Augenlicht und Hände und könne nur gerettet werden, so sagte ein Weiser, wenn ihm jemand seine Augen und Hände opferte. Aber niemand im Reich fand sich bereit.

Nach langer Zeit hörte auch die Prinzessin vom Schicksal ihres Vaters, spendete Augen und Hände, worauf der König wieder genas. Er wusste nicht, wer sich geopfert hatte, wollte dem Spender aber bei einem Besuch danken. Der Weise führte ihn in die Höhle, wo seine Tochter inzwischen zum Buddha geworden war. Da erkannte der König seine Missetaten und trat mit seinem ganzen Volk zum Buddhismus über.

Karte Seite 46

*Co Loa ㉔

Die Festung **Co Loa** liegt gut 20 km nördlich von Hanoi. Sie war die Hauptstadt des Reiches Au Lac, des ersten festen Staatsverbandes im Delta des Roten Flusses, und entstand etwa 300 v. Chr. Drei der Landschaft angepasste ovale Wälle umgaben die Siedlung. Der äußere war etwa 7,6 km lang, unten 25 m, oben 10 m breit, etwa 4 m hoch und mit Felsplatten befestigt.

Von einem Dorftor aus dem frühen 20. Jh. kann man die Wallanlagen nur noch erahnen. Renoviert erstrahlt der Gedenktempel für den Gründer von Au Lac, der **Den An Duong,** in dem am Tempelfest, dem 6. Tag des 1. Mondmonats, die Bronzestatue des Königs gezeigt wird. In der Nähe liegt der ***Dinh Ngu,** ein restauriertes Gemeinschaftshaus mit einer Säulenhalle, in dem An Duong als Schutzgeist verehrt wird. Direkt neben dem *dinh* duckt sich hinter einem riesigen Banyanbaum der winzige ***Den My Chau** für eine verräterische Königstochter, weshalb sie ohne Kopf dargestellt wird.

Ein paar Tage zu den Bergvölkern

Sa Pa ㉕

Das Bergdorf Sa Pa, gut 100 km nördlich von Hanoi, wurde bereits von den Franzosen gegründet, aber erst Ende der 1990er Jahre als Reiseziel wiederentdeckt. Davor war es nur eine Marktstadt, in der sich die Leute der umliegenden Dörfer, meist so genannte Minderheiten, am Wochenende zum Warentausch trafen.

Die **Hmong** tragen meist schwarze Kleidung, die Frauen zudem großen Silberschmuck. Die **Dao** sind an ihren bunten Stickereien zu erkennen. Viele Familien haben die Touristen inzwischen als Kundschaft entdeckt und bieten ihre Waren täglich an.

Vom Standort Sa Pa aus kann man zahlreiche Ausflüge unternehmen, per Jeep oder zu Fuß. Dabei wandert man durch herrliche Landschaft und besucht die Bergvölker in ihren Dörfern. Kürzere Spaziergänge kann man allein unternehmen, doch für längere Trekkings sollte man unbedingt einen erfahrenen Veranstalter wählen. Die anspruchsvollsten Touren (drei bis vier Tage) führen bis auf den Gipfel des **Fan Si Pan,** des mit 3143 m höchsten Bergs des Landes. Man braucht keine Kletterausrüstung, aber gute Schuhe und eine herausragende Kondition.

Topas Adventure Vietnam, 20 Cau May, Sa Pa, Tel. 020/871331, www.topas-adventure-vietnam.com. Büro in Hanoi: 29 Hang Giay, Tel. 04/9283637, Fax 9283638. Europäisches Management und Material, gut Englisch sprechende Führer.

Anreise: Tgl. Züge verschiedenster Ausstattung von Hanoi nach Lao Cai (ca. 10 Std.), am besten fährt man über Nacht. Minibus von Lao Cai nach Sa Pa ca. 1 Std. Fast alle Hotels organisieren aber diesen Transfer, wenn man im Voraus bucht.

Victoria Sapa, Tel. 020/871522, www.victoriahotels-asia.com. Das beste Hotel am Ort präsentiert sich im Stil der Chalets in den französischen Alpen, mit überdachtem Pool. Eigene nostalgisch-komfortable Zugwaggons. ❍❍❍

▮ **Auberge,** Tel. 020/871243. Kleines Hotel mit Aussichtsterrasse. Gutes Essen und lokale Guides. ❍

▮ **Green Bamboo,** Tel. 020/871214, Fax 871 411. Preisgünstiges kleineres Hotel. ❍

Karte Seite 57

**Ho-Chi-Minh-Stadt

Die Lust des Südens

Der sperrige Name stört neuerdings niemanden mehr, im Alltag sagt man einfach Saigon oder Cholon, je nachdem, welcher Teil der Doppelstadt gerade gemeint ist. Denn die Metropole des Südens lebt wieder auf, gewinnt wieder ihre sonnige Leichtigkeit, ihre zielstrebige Geschäftigkeit, ihren chinesischen Krämergeist und ein wenig von ihrer mysteriösen Verruchtheit, die ihr früher das Etikett »Paris des Ostens« aufgeklebt hat. Flanieren Sie über die weiten Boulevards Saigons und drängen Sie sich durch die geschäftigen Straßen der Chinatown Cholon, durch die alle Sinne ansprechenden Märkte. Die Vielfalt der Kulturen zeigt sich in den Tempeln des Buddhismus, Daoismus und Hinduismus, den Moscheen, christlichen Kirchen und im Dom der schillernden Caodai-Sekte. Für den Stützpunkt im Süden sollten Sie etwa eine Woche einrechnen – aber Vorsicht, es gibt Leute, die wollten nach dem ersten Besuch für immer bleiben.

Geschichte

Saigon ist eine junge Stadt, die erst 1790 an Statur gewann, als Nguyen Anh hier die Zitadelle Gia Dinh baute; von hier aus begann er seinen Zug nach Norden, der ihm 1802 den Königsthron und den Regentennamen Gia Long einbrachte. Vorher gab es am Saigon-Fluss nur kleine Dörfer, erst von Khmer bewohnt, ab 1674 von Vietnamesen aus dem Norden. Die Tay Son-Rebellen entrissen den Nguyen 1771 zwar vorübergehend die Macht, doch an einer tatsächlichen Beherrschung des Südens waren sie nicht interessiert.

Mehr Interesse an der Gegend zeigten chinesische Händler, denen Anfang des 17. Jhs. gestattet wurde, eine Niederlassung einzurichten. Sie nannten sie vorausschauend *Cho lon*, »Großer Markt«.

Die französischen Kolonialherren besetzten 1859 die Zitadelle, nahmen dann Südvietnam und Kambodscha ein. 1862 wurde Cochinchina Kolonie, 1883 Saigon Hauptstadt. Danach zogen die Eroberer nach Norden und verlegten ihren Sitz 1897 nach Hanoi. Die nächste Phase ist bereits vom Krieg gezeichnet. Nach dem Genfer Abkommen von 1954 wurde Saigon provisorische Hauptstadt des Südens, mit der Etablierung Präsident Diems tatsächliche Kapitale Südvietnams. Flüchtlinge strömten in die Stadt und ließen die Einwohnerzahl auf 2 Mio. anschwellen. Viele Neuankömmlinge lebten auf Booten in den Kanälen. Die Amerikaner legten einen Militärring mit dem größten Flughafen der Welt um Saigon und Cholon, was die Zahl der Flüchtlinge erneut verdoppelte.

Pariser Atmosphäre

Die Stadt Saigon wurde stark von den französischen Kolonialherren geprägt: Sie gruben Entwässerungskanäle in das Sumpfland, legten Boulevards an, setzten mit Rathaus, Oper, Kathedrale und Hauptpost architektonische Zeichen, erweiterten den Hafen und schufen mit Straßencafés und eleganten Läden eine Atmosphäre wie in Paris.

Karte Seite 57

Wiedervereinigung

Mit der Eroberung des Präsidentenpalastes am 30. April 1975 war die Wiedervereinigung erreicht, doch nun bewegten sich die Flüchtlingsströme in die entgegengesetzte Richtung, denn viele Landbesitzer und Ladeneigentümer, vor allem Chinesen, wurden enteignet. Die größte Stadt Vietnams wurde nach Ho Chi Minh (s. S. 42) benannt und versank erst einmal in Agonie.

Das änderte sich, als 1986 die Wirtschaftsreformen begannen. Jetzt fließt wieder Geld aus dem Ausland in die Stadt, der Handel in Cholon belebt sich. Alte Bauten strahlen in neuem Glanz neben blank spiegelnden Bürotürmen. Rad-, Moped-, Auto- und Busfahrer drängeln durch die Straßen. Abends flanieren die Menschen wieder unter den Bäumen. Die direkt von der Zentralregierung verwaltete Stadt zählt mit ihren ländlichen Gebieten etwa 6,5 Mio. Einwohner.

Das alte Saigon

In einem halben Tag können Sie das Zentrum des ehemals französischen Saigon bequem durchstöbern. Am besten beginnen Sie mit einem Blick über den träge dahinströmenden Saigon-Fluss. Wenn man sich früher der Stadt per Schiff näherte, grüßte über die Sümpfe und die flachen Häuser hinweg schon von weitem die Kathedrale, lange bevor die Dampfer im **Hafen** festmachten. Auch heute legen wieder große Frachter an den Kais an, die sich unmittelbar am Flussufer befinden.

Am Pier werden stundenweise Boote vermietet: Ein Ausflug führt durch Sümpfe in den Hafen, ein anderer durch Kanäle nach Cholon.

Elegante Geschäfte an der Dong Khoi

5 *Duong Dong Khoi

Diese Straße, die beim **Hotel Majestic** von der Uferstraße abzweigt, bietet sich so richtig zum Flanieren an. Das Majestic mit seiner Cyclo-Bar war früher das erste Haus am Platze und ist jetzt vollständig renoviert. Die ganze Straße ist gesäumt von Hotels, Restaurants, Läden und Cafés. Als sie noch Rue Catinat hieß und die Baumreihen keine Lücken aufwiesen, gehörte es zum guten Ton, hier zu sehen und gesehen zu werden. Auch Sie können sich in der »Straße der Volkserhebung« zu einem Kaffee niederlassen, etwa im **Café Brodard,** das es schon in den 1920er Jahren gab. Oder besuchen Sie eine der viele schicken Boutiquen und Galerien.

Ein paar Schritte rechts hinein in die Duong Dong Du und Sie stehen vor der **Moschee,** der größten von 13 in der Stadt, die 1935 von südindischen Muslimen gestiftet wurde. Die schlichten Bet- und Waschräume in einem blühenden Garten sind eine Insel der Stille für die etwa 5000 ansässigen Muslime.

Einige Schritte weiter kommen Sie zu einem großen Platz, an dem rechts das **Stadttheater** liegt, das 1899 als Oper eröffnet wurde. Zur Zeit der südvietnamesischen Republik tagte hier

Karte Seite 57

Der stille Amerikaner

Er war einer der bekanntesten Schriftsteller des 20. Jhs., nebenbei erledigte er noch kleinere Aufträge für den britischen Geheimdienst: **Graham Greene** (1904–1991). Jahrelang reiste er durch die Welt, um Geschichten für seine Bücher zu finden. Anfang der 1950er Jahre saß er auch auf der Terrasse des legendären Continental und befasste sich mit Vietnam, dem Krieg der Franzosen im Norden und den Unruhen zwischen den Privatarmeen im Süden.

In Saigon treffen der britische Reporter Thomas Fowler und der junge Amerikaner Alden Pyle aufeinander. Pyle will im Auftrag einer mysteriösen Organisation bestimmte Gruppen, vor allem die Caodai (s. S. 64), als dritte Kraft aufbauen. Später verliebt sich »der stille Amerikaner« auch noch in Fowlers vietnamesische Freundin. Das alles kann nicht gut gehen, aber war Fowler deshalb an Pyles Tod beteiligt?

Einfühlsam schildert Greene die Beziehungen zwischen Amerikanern, Europäern und Vietnamesen, die durchaus noch aktuell sind. Nicht zuletzt beschreibt er Orte, die man noch heute besuchen kann, etwa das Continental und das Majestic in Saigon, Cholon, die Caodai in Tay Ninh oder den Dom von Phat Diem. »Der stille Amerikaner« ist eine unterhaltsame Urlaubslektüre, die auch (leider sehr schlecht) ins Deutsche übersetzt wurde.

das kaum legitimierte Parlament. Seit 1976 dient das in einem barock anmutenden Mischstil erbaute Haus erneut der Kunst: von Klassik bis Pop, von Theater bis Vortrag.

Traditionshotels

Schräg gegenüber öffnet der weiß uniformierte Portier Ihnen gerne die Tür zum **Hotel Continental ❶**, das seit 1880 Gäste aufnimmt. Bekannt wurde es vor allem durch seine – allerdings nicht mehr vorhandene – Terrasse an der Straßenecke, *dem* Treffpunkt für die ausländische High-Society und später für die Kriegsreporter des Westens. Graham Greene verewigte sie in seinem Roman »Der stille Amerikaner«. Heute können Sie immerhin hinter Glas speisen oder die provenzalische Stille des Innenhofs genießen.

★ Die besten Terrassen für einen Drink finden sich heute auf den Dächern von Hotels: schön kitschig auf dem **Rex** und modern-elegant in der »Saigon Saigon«-Bar des **Caravelle.**

Vor dem 1960 eröffneten **Hotel Rex,** das später Nachrichten- und Gerüchtezentrale des amerikanischen Geheimdienstes war, zeigt sich auf einem kleinen begrünten Platz Ho Chi Minh in einer besonders onkelhaften Pose. Neben dem Denkmal lassen sich frisch getraute Paare gerne fotografieren. Im Hintergrund haben sie dann das gelbe Rathaus auf dem Bild, meist noch in der Kolonialsprache **Hôtel de Ville** genannt. Wie bei der Oper wählte man Anfang des 20. Jhs. den kolonial-barocken Mischstil. Heute residiert hier das Volkskomitee der Stadt, das Besichtigungen nicht gestattet.

Kathedrale und Hauptpost

Wenn Sie auf die Dong Khoi zurückkehren, stehen Sie bald vor der

Karte Seite 57

Die backsteinrote Notre-Dame mit ihren 40 m hohenTürmen

***Kathedrale Notre-Dame** ❷, von 1877 bis 1883 als neoromanischer Backsteinbau errichtet und 1900 mit zwei 40 m hohen Türmen vollendet. Gipsheilige und Dankesplaketten sind inzwischen wieder renoviert. Große weiße Hochzeitsautos parken vor der Tür – auch die Katholiken genießen neue Freiheiten.

Gleich nebenan liegt die ***Hauptpost,** der wohl schönste Kolonialbau aus dem späten 19. Jh., mit Buntglasfenstern sowie gusseisernen Gittern und Geländern. Innen schmücken zwei riesige historische Landkarten die Wände, während unter dem zufriedenen Blick von »Onkel Ho« die Ventilatoren schnurren.

Entlang der Dai Lo Le Duan

Ein Abstecher führt in die älteste und die jüngere Geschichte. Biegen Sie hinter der Kathedrale nach rechts ab und folgen Sie der Dai Lo Le Duan. Vorbei an der Residenz des französischen Generalkonsuls kommen Sie zum **Amerikanischen Konsulat.** Neben dem Neubau stand die einstige Botschaft, von deren Dach die letzten Hubschrauber im April 1975 entschwebten. Die vermeintlichen Freunde ließen die meisten der verzweifelt das Gelände umlagernden vietnamesischen Gehilfen zurück.

Noch etwas weiter liegt der Zoo, auf dessen Gelände ein **Tempel der Hung-Könige** ❸ gedenkt, die ihren Platz aber eher in den Entstehungsmythen als in der Geschichte Vietnams finden.

Im ***Historischen Museum** ❹ gegenüber werden neben originalen Zeugnissen der Dong Son-Kultur (s. S. 27) und des Funan-Reiches auch Funde aus den alten Reichen der Khmer (s. S. 18) und der Cham (s. S. 17) ausgestellt. Außerdem gibt es regelmäßig Vorstellungen im Wasserpuppentheater. (Öffnungszeiten: tgl. außer Mo 7.30–16.30 Uhr.)

**Tempel des Jadekaisers ❺

Volksreligion hautnah bietet der Tempel des Jadekaisers *(Chua Ngoc Hoang, 73 Mai Thi Luu).* Chinesen aus

Karte Seite 57

der Provinz Guangdong stifteten 1909 den Tempel, zwei von außen unscheinbare Gebäude hinter einem baumbestandenen Hof mit Schildkrötenteich. Doch innen entfaltet der Volksdaoismus, dessen oberster Gott der Jadekaiser ist, seine ganze bunte Pracht. Hinter der Eingangstür wachen der Erdgott links und der Torgott rechts, dann folgen zwei riesige Generalsfiguren, die nach der Legende einen weißen Tiger und einen grünen Drachen besiegten. Auf dem Hauptaltar vor der hinteren Wand umgeben den Jadekaiser in der Mitte die »Vier Diamanten«, seine überaus harten Wächter. Ebenfalls von vier Wächtern umrahmt werden der Gott des Südlichen Polarsterns rechts und der Gott des Nördlichen Polarsterns links vor dem Altar. Von gut 4 m hohen Säulen blicken der Sonnengott und die Mondgöttin auf sie herab.

Während in diesem rechten Gebäudeteil dem Himmel gehuldigt wird, steht im linken die Hölle im Vordergrund. Von der Rückwand blickt der Höllenkönig, flankiert von den Göttern des *yin* und des *yang*, über den Raum auf sein rotes Pferd und vier seltsame Gestalten mit hohen Hüten: Sie bestrafen das Böse und belohnen das Gute. An den Seitenwänden ist in schwarzes Holz geschnitzt, was die Höllenbewohner erwartet. Bis ins Detail sind schreckliche Folterungen zu erkennen, überwacht von den Richtern über die zehn daoistischen Höllen. Auf der dem Höllenkönig gegenüber liegenden Wand hängen weitere Tafeln, rechts noch ein Höllenherrscher, links Quan Am Thi Kinh, die Göttin der Barmherzigkeit mit Kind.

Vor dem Ausgang lohnt noch ein Blick in einen engen Raum mit zahlreichen kleinen Figuren. Zwölf Typen von Frauen stellen die menschlichen Charakterzüge dar, stehen aber auch für jeweils ein Jahr im chinesischen Kalenderzyklus. Die vielen Seidenumhänge der Figuren belegen die Hochachtung, die ihnen entgegengebracht wird.

**Palast der Einheit ❻

Wenn Sie von der Kathedrale (❷) der breiten Prachtstraße Dai Lo Le Duan in die andere Richtung folgen, laufen Sie genau auf den ehemaligen Präsidentenpalast zu, heute offiziell »Palast der Einheit« genannt. Der französische Generalgouverneur baute 1868 den verschwenderischen Norodom-Palast in einem 12 km² großen Park. Im verspielten Schloss residierte nach 1954 auch Präsident Diem, bis er im Februar 1962 von der eigenen Luftwaffe bombardiert wurde. Der Putschversuch misslang, Diem konnte sich noch an der Macht halten. Er ließ jedoch den stark beschädigten Franzosenpalast abreißen und durch ein Betonprachtstück ganz im Stil der amerikanischen Moderne ersetzen. Die Formen und Farben der 1960er Jahre sind in Reinkultur erhalten, bis zur kunststoffbespannten Tonnenbar vor dem Kino. Besucher dürfen den Palast nur in Begleitung freundlicher Damen besichtigen, die die Nutzung jedes Raumes durch die »Marionettenpräsidenten« erklären. (Öffnungszeiten: tgl. 7.30–11, 13.30–16 Uhr, bei Konferenzen geschl.)

Stadtmuseum ❼

In teilweise noch gut erhaltenen Kolonialbauten südlich des Präsidentenparks residieren Beamte. Unterirdisch führt vom Palast ein Gang zum Museum (65 Ly Tu Trong). In der als Gia-Long-Palast bekannt gewordenen klassizistischen Villa des Gouverneurs von Cochinchina wird vor allem der Befreiungskampf gegen den ehemaligen Besitzer geschildert. (Öffnungszeiten tgl. 8–16 Uhr.)

Karte
Seite
57

Mariamman-Tempel ❽

Jetzt folgen Sie aber weiter der Duong Nguyen Du und biegen dann in die Duong Truong Dinh ein. Hausnummer 45 ist der hinduistische Mariamman-Tempel, der Ende des 19. Jhs. gegründet wurde. Ab 1990 durfte ihn die kleine tamilische Gemeinde wieder nutzen; heute ist er völlig erneuert. Am interessantesten ist der mit zahlreichen bunten Helden- und Tierfigu-

- ❶ Continental Hotel
- ❷ Notre-Dame
- ❸ Tempel der Hung-Könige
- ❹ Historisches Museum
- ❺ Tempel des Jadekaisers
- ❻ Palast der Einheit
- ❼ Stadtmuseum
- ❽ Mariamman-Tempel
- ❾ Ben-Thanh-Markt

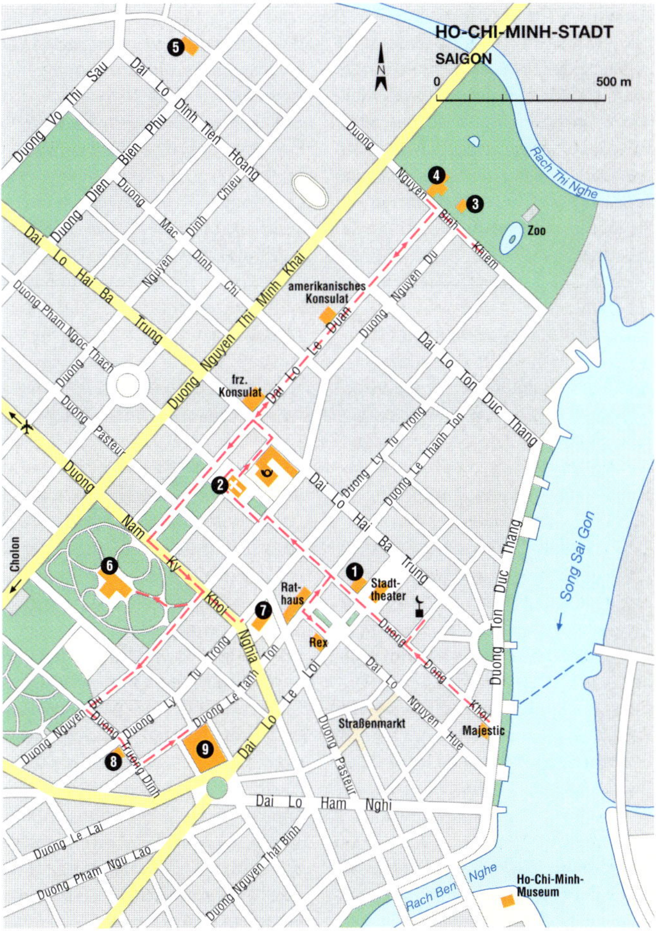

Karte Seite 57/59

ren geschmückte Turm über dem Heiligtum, über eine Treppe links zu erreichen.

In der Umgebung des Hindutempels sieht es schon mächtig nach Kauf und Verkauf aus. Fliegende Händler haben ihre Karren aufgestellt, Frauen sitzen auf Planen am Boden und bieten Kleidung oder Obst an. Der ***Ben-Thanh-Markt** ❾ ist nämlich nur ein paar Ecken weiter, und wer keinen Stand in der 1914 gebauten Halle ergattert hat, versucht draußen seine Waren loszuschlagen. Von Porzellan über Textilien bis zu Fleisch, Fisch, Gemüse und Gewürzen reicht das Angebot in den schmalen Gängen, durch die sich immer zahllose Menschen schieben. Augen, Ohren und Nase werden Ihnen übergehen. Den Haupteingang erkennen Sie am markanten Uhrenturm.

Spaziergang durch Cholon

Wenn Sie in Saigon wohnen, können Sie mit dem Taxi oder einem Schnellbus zum Cho Binh Tay, dem Markt von Cholon, fahren, der ebenfalls an seinem Uhrenturm zu erkennen ist.

Im **Binh-Tay-Markt** ❿ und seiner Umgebung schlägt das chinesische Krämerherz von Cholon. Außer Lebensmittel finden Sie auch Kleidung und Haushaltsgegenstände und in den umliegenden Straßen Fachgeschäfte und Handwerker aller Art. Lassen Sie sich ein wenig treiben und schöpfen dann in dem kleinen Park an der Dai Lo Hau Giang wieder Atem.

Am Ende des Parks zweigt die Pho Hoc Lac ab, leicht zu erkennen an den Pyramiden von Zigarettenstangen, die dort zum Verkauf angeboten werden. In der Nähe liegt die katholische Kirche **Cha Tam.** Sie ist benannt nach dem chinesischstämmigen päpstlichen Legaten François Xavier Tam Assou (1855–1934), der hier begraben liegt. Bekannt wurde sie jedoch im November 1963, als der gestürzte katholische Präsident Diem und sein Bruder in die Kirche flohen. Schließlich wurden sie von Soldaten abgeholt und erschossen.

Die vollen Märkte künden vom wirtschaftlichen Aufschwung

Götter für jede Gelegenheit

Gehen Sie zurück zur breiten Hauptstraße, die in die Dai Lo Hai Thuong mündet. An der Ecke mit der Phung Hung findet im **Chua Ong Bon** ⓫ der bärtige Ong Bon als Gott des Reichtums und des Glücks immer Zulauf. Folgen Sie der Hauptstraße Dai Lo Hai Thuong weiter und biegen links in die Chau Van Liem ein.

Am breiten Hung-Vuong-Boulevard liegt schräg gegenüber der ***Hoi Quan Phuoc An** ⓬, eine Versammlungshalle der Chinesen (1902) aus der Provinz Fujian. Sie verehren den General Quan Cong aus dem 3. Jh. Bevor sie eine Reise antreten, berühren sie als Glücksbringer sein rotes Pappmachépferd direkt neben dem Eingang.

Zurück auf der Chau Van Liem, biegen Sie direkt links in die Lao Tu ein.

Karte Seite 59

Auf der linken Straßenseite zieht der immer bevölkerte ***Chua Quan Am** ⓭ Gläubige in Scharen an. Auf mehreren Altären wird die Göttin der Barmherzigkeit vor allem von Frauen verehrt. Hier können Sie Heilungs- und Beschwörungsrituale, Wahrsagereien und Opfergaben des Volksdaoismus beobachten.

Ein typisches Beispiel für einen etwas strengeren südchinesischen Tempel, der auch Versammlungshalle ist, finden Sie im ****Thien-Hau-Tempel** ⓮ (710 Nguyen Trai). Vom Vorhof gehen Sie auf die imposanten, rot gestrichenen Tore zu, hinter denen eine Geistertür die bösen Geister abhält, die nach traditioneller Ansicht nur geradeaus fliegen können.

Im begrünten Innenhof stehen auf mehreren Tischen Bronze- und Messinggefäße zum Einstecken der Räucherstäbchen. Noch länger aber senden die riesigen Räucherspiralen, die an der Decke hängen, ihre Botschaft an die Götter.

Thien Hau stammt aus dem chinesischen Daoismus. Im frühen 11. Jh. soll ein armes Mädchen aus Fujian Fischer gebeten haben, sie auf einer Reise mitzunehmen. Die reichen weigerten sich, sodass sie nur ein kleines Boot fand. Doch dann kam ein Sturm auf, und alle Boote sanken, außer dem mit dem jungen Mädchen. Die Himmelskönigin ist bis heute Schutzpatronin der Fischer und Seeleute.

Im hinteren Gebäude überragt die **Statue der Thien Hau,** der Himmelskönigin, den Altar, flankiert von der Göttin der Fruchtbarkeit rechts und der Gattin des Herrschers über den Süden links. Vor allem Frauen opfern

❿ Binh-Tay-Markt
⓫ Chua Ong Bon
⓬ Hoi Quan Phuoc An
⓭ Chua Quan Am
⓮ Thien-Hau-Tempel
⓯ Chua Giac Lam
⓰ Chua Giac Vien
⓱ Chua Phung Son

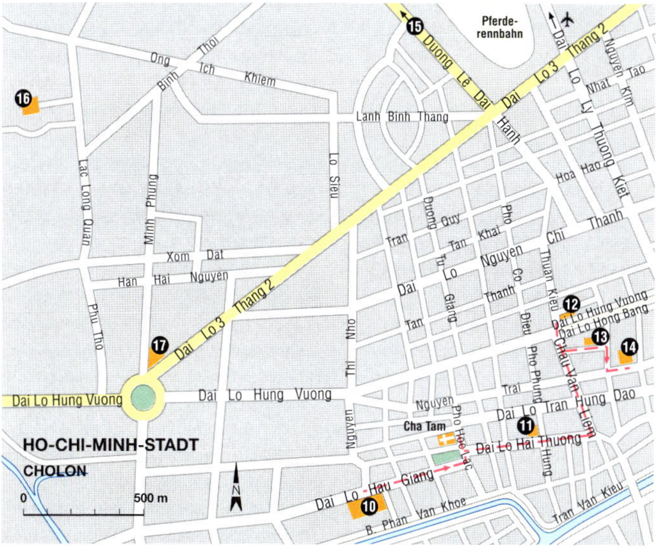

Karte Seite 59

Räucherspiralen schicken Botschaften gen Himmel

ihr. Bei größeren Summen bekommen sie eine rote Spendenquittung, die an der Seitenwand im Tempel öffentlich aushängt.

Blicken Sie im Innenhof jedoch auch einmal nach oben: Vor allem die Firste südchinesischer Tempel sind über und über beladen mit Porzellan- und Glasfiguren. Szenen aus Legenden sowie Glück bringende Tiere und Symbole werden dargestellt.

Wichtige Tempel abseits der Wege

**Chua Giac Lam ⓯

Der vermutlich älteste buddhistische Tempel liegt in stiller Umgebung nördlich von Cholon und der Pferderennbahn (118 Lac Long Quan). Baustil und Bethalle sind typisch für Südvietnam. Die Gebäude sind flach und haben kurze Firste, aber großflächige, weit herunter gezogene Dächer. Der Haupteingang ist wie in fast allen Tempeln nur geöffnet, wenn ein Fest gefeiert wird. Sie betreten also an der rechten Seite zunächst den großen Versammlungs- und Speiseraum. Um den richtigen Eindruck zu bekommen, sollten Sie dort nach links zur **Bethalle** gehen (Schuhe ausziehen).

Den hoch aufsteigenden **Figurenaltar** beherrscht oben A Di Da, der Buddha der Vergangenheit. Davor ruht eine Bronzestatue des Thich Ca, des historischen Buddha, die als die älteste der Stadt gilt. Im Süden selten zu sehen ist weiter vorne die Figur des Thich Ca als Kind. Sehr vertraut ist jedoch der lachende Di Lac, auf dessen massigem Körper hier fünf Kinder turnen. Vorne umgeben vier Bodhisattvas einen Thich Ca. Der Altartisch, die ihn umringenden Säulen und die oberen Holzblenden sind reich mit Schnitzereien aus dem 19. Jh. bedeckt.

Dem Altar gegenüber stehen die Wächter über die buddhistische Lehre und über die Hölle. An den Seitenwänden gemahnen die zehn Höllenkönige der unangenehmen Seiten des Jenseits, während die 18 La Han als buddhistische Schüler den rechten Weg weisen. Einen besonderen Akzent in der Bethalle setzt der **Wunschbaum** mit 49 Armen, auf denen jeweils eine kleine Bodhisattva-Figur über ein Licht wacht, das Gläubige gegen eine

Karte Seite 59

Spende anzünden können, um ihrem auf einem angehefteten Zettel aufgeschriebenen Wunsch mehr Nachdruck zu verleihen.

Im **Versammlungsraum** hängen im Rücken des Altars die Porträts bedeutender Äbte. Auf den kleinen Altären davor werden häufig Toten- und Gedächtnisfeiern zelebriert, auch die seitlichen Tische stehen voll mit Erinnerungsbildern an Verstorbene.

Auch draußen spielen Totenfeiern eine wichtige Rolle. Sie werden in Seitengebäuden abgehalten und die Tempelküche läuft dann auf vollen Touren.

*Chua Giac Vien ⑯

Ähnlich von der architektonischen Struktur ist der Tempel (ca. 400 m abseits der Lac Long Quan, Weg neben Haus Nr. 247, dann links, am Gemeinschaftshaus rechts, am Friedhof vorbei; s. Plan S. 59) jedoch wesentlich ruhiger und wird selten von Gläubigen genutzt. Auch das Sanktuarium der Buddhafiguren ist ähnlich. Hinten sitzt A Di Da, davor Thich Ca, flankiert von seinen Lieblingsschülern At Nan (Ananda) und Ca Diep (Kasyapa), davor eine kleine Statue von Thich Ca als Kind, fast verborgen von Di Lac, während vorne vier Bodhisattvas Thich Ca umgeben. Von den Seitenaltären schaut rechts Quan Am, links der Medizinbuddha die Betenden an, und an den Seitenwänden reihen sich wieder die Höllenkönige auf, diesmal links ergänzt vom Meeres- und vom Erdgott.

*Chua Phung Son ⑰

Der Tempel aus dem frühen 19. Jh. liegt etwas abseits des breiten Dai Lo 3 Thang 2 (s. Plan S. 59) in einem großen Garten an einem Teich. Er birgt zahlreiche traditionelle Figuren. Ungewöhnlich ist in der vorderen Halle auf einem linken Seitenaltar die Statue des indischen Mönches Bodhidharma. Er entwickelte aus den Lehren des Buddhaschülers Kasyapa den sog. Versenkungsbuddhismus, der im 6. Jh. als Chan-Buddhismus China erreichte; von dort breitete er sich als Zen-Buddhismus nach Japan aus. Schatz des Tempels sind ein stehender Bronzebuddha aus Thailand auf einem Tisch vor dem Innenhof und eine kleine Sandelholzfigur des Drachenkönigs im Glaskasten an der Wand zur vorderen Halle.

Infos

Vorwahl 08

i Mehrere Reiseveranstalter unterhalten ihre Büros auf der Dong Khoi, dem Nguyen Hue Boulevard oder an der Pham Ngu Lao.

- **Asian Trails,** Unit 712, 7th Floor, Saigon Trade Center, 37 Ton Duc Thang, Tel. 9102871, Fax 9102874, www.asiantrails.info. Erfahrene Reiseagentur mit ausgefallenen Touren.

Flughafen: Der Flughafen liegt am nördlichen Stadtrand; Taxitransfer.

- **Vietnam Airlines,** 116 Nguyen Hue Boulevard, Tel. 8320320, Fax 8230273.
- **Lufthansa,** im Continental Hotel, 132–134 Dong Khoi, Tel. 8298529, Fax 8298537.

Sofitel Plaza, 17 Le Duan Blvd., Tel. 8241555, Fax 8241666, www.sofitel.com. Eines der modernsten und luxuriösesten Hotels der Stadt beherbergt neben vielen Büros auch mehrere Restaurants, Bars und Cafés. ○○○

- **Caravelle,** 19 Lam Son Square, Tel. 8234999, Fax 8243999, www.caravellehotel.com. Das 1959

Karte Seite 59

eröffnete Business-Hotel ist mit seinem neuen Anbau auf dem neuesten Stand. Angenehme Atmosphäre. ○○○

▮ **Continental,** 132 Dong Khoi, Tel. 8299201, Fax 8290936, www.continentalvietnam.com. Das berühmteste Hotel der Stadt (s. S. 54) hat nur noch eine zweitklassige Einrichtung. Schöner Innenhof. ○○○

▮ **Majestic,** 1 Dong Khoi, Tel. 8295515, Fax 8295510, www.majestic-saigon.com. Vollständig renoviert, mit eleganten Suiten und herrlichem Blick über den Fluss. Dachterrasse mit Restaurant. ○○○

▮ **Omni,** 251 Nguyen Van Troi, Tel. 8449222, Fax 8455234, www.marcopolohotels.com/saigon. Auf halbem Weg zwischen Innenstadt und Flughafen gelegen, doch mit Pendelbus und nach internationalem Standard gemanagt. ○○○

▮ **Huong Sen,** 70 Dong Khoi, Tel. 8291415, Fax 8290916. Einfaches, aber vertrauenswürdiges Hotel im Zentrum. ○○

▮ **Kim Do,** 133 Nguyen Hue Blvd, Tel. 8225914, Fax 8225913, www.kimdohotel.com. Solides Hotel im Einkaufsgebiet des Zentrums. ○○

▮ **Norfolk,** 117 Le Thanh Ton, Tel. 8295368, Fax 8293415, www.norfolkgroup.com. Grundsolides Hotel unter australischer Leitung unweit des Ben-Thanh-Marktes. ○○

▮ **Palace,** 56–66 Nguyen Hue Blvd., Tel. 8292860, Fax 8244230, palace@hcm.vnn.vn. Renovierter Veteran unter den Innenstadthotels. ○○

▮ **Rex,** 141 Nguyen Hue Boulevard, Tel. 8292185, Fax 8296536, www.rexhotelvietnam.com. Solides Haus in guter Lage (s. S. 55), mit Café (abends Restaurant) und Pool auf dem Dach. Japanisches Restaurant. ○○

▮ **Saigon,** 45 Dong Du, Tel. 8299734, Fax 8266631, saigonhotel@fpt.vn. Das einfache, saubere Hotel liegt mitten im Zentrum (gegenüber der Moschee). ○

Zahlreiche Budget-Unterkünfte gibt es südwestlich vom Ben-Thanh-Markt rund um die Straßen Pham Ngu Lao, De Tham und Bui Vien.

Mandarin, 11a Ngo Van Nam, Tel. 8229783. Elegantes Restaurant mit zurückhaltendem Dekor auf drei Ebenen. Erlesene Spezialitäten aus dem ganzen Land. ○○○

▮ **Nam Kha,** 46–50 Dong Khoi, Tel. 8238309. Vielfalt vietnamesischer und westlicher Speisen in grandiosem, ein wenig kitschigem Ambiente. Oben die exklusive Weinbar Long An. ○○○

▮ **Song Ngu Seafood Restaurant,** 70 Suong Nguyet Anh, Tel. 8325715. Das Mekong-Delta ist nicht weit, kein Wunder also, dass in diesem Spezialitäten-Restaurant Fisch und Meeresfrüchte besonders frisch in die Küche kommen. ○○○

▮ **Vietnam House,** 93 Dong Khoi, Tel. 8291623. Hier wird in ruhiger und eleganter Atmosphäre die bekannte Hue-Küche serviert. ○○

▮ **Tib,** 187 Hai Ba Trung, Tel. 8297242. Preisgünstiges Restaurant mit einer großen Auswahl an vegetarischen Gerichten. ○

Sheridan's Irish House, 17/13 Le Thanh Ton. Gemütlicher Pub mit irischer Atmosphäre, jeden Abend Live-Musik, samstags ist irische Folklore zu hören.

▮ **Blue Gecko,** 31 Ly Tu Trong. Kaltes Bier, Musik, Darts und Pooltisch.

▮ **Wild Horse Saloon,** 8A1/D1 Thai Van Lung. Täglich Livemusik: Jazz, Blues, Flamenco.

Karte Seite 86

Tagesausflüge

6 **Cu Chi und Tay Ninh

Per Mietwagen können Sie die Tunnel bei Cu Chi und den »Heiligen Stuhl« der Caodai-Sekte in Tay Ninh nordwestlich von Saigon an einem Tag besuchen. Dazu müssen Sie früh aufbrechen, damit Sie den Mittagsgottesdienst im knapp 100 km von Saigon entfernten Dom nicht verpassen. Die Fahrt geht Richtung NW entlang der N22, von der hinter Cu Chi die einzige Landverbindung nach Phnom Penh abbiegt. Nach 35 km hat man die Kleinstadt Cu Chi erreicht, dann geht es etwas in die Botanik, bis man zu einem der obskursten Kriegsschauplätze Vietnams gelangt.

Kampf unter der Erde

Im **Tunnelsystem von Cu Chi** versteckte die Bevölkerung schon 1948 Vorräte und Waffen vor den Franzosen, doch in den 1960er Jahren wurde es auf 200 km Länge zwischen Cholon und der kambodschanischen Grenze ausgebaut. Ohne von den Tunneln zu wissen, bauten die Amerikaner ein Divisionsquartier darauf und wunderten sich über nächtliche Sabotage. Als sie die Sache durchschaut hatten, begann der Kampf: Weite Flächen wurden entlaubt, mit Diesel besprüht und mit Napalm bombardiert. Als dies nicht half, schickte man Schäferhunde in die Tunnel, die mit blutigen Nasen in die Flucht geschlagen wurden. Dann kamen die »Tunnelratten«: kleinwüchsige koreanische und philippinische Soldaten, die das Abwehrsystem auch nicht knacken konnten. Tausende Soldaten auf beiden Seiten kamen ums Leben.

Heute sind die Tunnel für Besucher erweitert und befestigt. Ein Führer veranstaltet ein wenig Cowboy-und-Indianer-Spiel beim Suchen von Einstiegsschächten und auf dem Weg durch die kurzen Röhren. Anschließend kann man sich erfrischen, Souvenirs erwerben oder in romantischer Atmosphäre im Restaurant am Fluss speisen.

Tunnelversteck

Ein Video erklärt die Konstruktion des Tunnelsystems: Auf drei Ebenen, in 4 m, 6 m und 8 m Tiefe, legten die Mitglieder des Viet Minh Tunnelröhren mit Nischen, Schlafräumen, Küchen, Krankenstationen, Vorratskammern, Gefechtsständen, Bombenschutzräumen und Brunnen an. Die Eingänge verschlossen getarnte Falltüren, Attrappen von Eingängen mit angespitzten Bambusrohren waren tödliche Fallen für Uneingeweihte.

Der Religionspark der Caodai

Außerhalb der Provinzhauptstadt **Tay Ninh** liegt der über 100 km² große Park der Caodai (s. S. 64).

Von einem mächtigen Tor führt eine breite Prachtstraße, gesäumt von Gipsfiguren und Tribünen, zum großen **Dom.** Zwei quadratische Türme ragen hoch über das flache Kirchenschiff auf, das sich an europäische Vorbilder anlehnt, aber knallbunt-orientalisch verziert ist. Überall leuchtet das allsehende Auge in einem Dreieck, von dem neun Strahlen ausgehen – das Gottessymbol der Caodai. Die Neun spielt auch im Innern des Doms eine Rolle, denn neun Stufen gilt es zu erklimmen auf dem Weg zur Glückseligkeit. Auf der neunten Stufe folgen weitere neun Stufen bis zur riesigen Weltkugel mit dem magischen Auge.

Karte Seite 86

Sie können den Dom in einem äußeren und einem inneren Wandelgang umrunden, wenn Sie dezent gekleidet sind, die Schuhe ausziehen und die Richtung einhalten: Frauen beginnen links und gehen im Uhrzeigersinn, Männer starten rechts und gehen gegen den Uhrzeigersinn.

Auch beim Gottesdienst werden Besucher auf der Empore, wo das Orchester auf traditionellen Instrumenten spielt, geduldet. Jeweils um sechs und zwölf Uhr ziehen die weiß gekleideten Gläubigen und die bunte Kopfbedeckungen tragenden Priester in den Dom ein. Zahlreiche Verbeugungen und ein monotoner Gesang folgen, gelegentlich klingt eine Glocke. Ein Priester liest aus dem Dogmenbuch, bevor alle die Dom verlassen.

Caodai

Im Jahr 1919 erschien dem Kolonialbeamten Ngo Van Chieu ein strahlendes Auge, ein Ereignis, das in den folgenden Jahren auch einigen seiner Kollegen widerfuhr. 1926 gründeten sie die Caodai-Sekte (»Großer Palast«), die sich selbst als dritte Offenbarung aller jener Religionen versteht, die sich durch einen Propheten zum zweiten Mal manifestiert haben. So bringt Jesus das Christentum ein, Laozi den Daoismus, Buddha den Buddhismus, Konfuzius den Konfuzianismus und Mohammed den Islam. Sie verbinden sich zum Caodai, der letzten Rettung vor dem Untergang. Die Oberpriester empfangen Lehren und Anweisungen von in Trance versetzten Medien, die mittels Schreibpinsel oder Kugelschreiber Gottes Willen übermitteln: schlagwortartige Aussagen der verschiedenen Religionen oder berühmter Persönlichkeiten. Als wichtigste Botschafter werden in einem Gemälde im Eingangsraum des Doms der Chinesische Republikgründer Sun Yatsen, der französische Schriftsteller Victor Hugo und der vietnamesische Dichter Nguyen Binh Khiem (1492 bis 1587) vereinnahmt.

Die Gemeinschaft ist hierarchisch organisiert, an der Spitze der Pyramide stehen Kardinäle und ein Papst. Die Mitglieder folgen strikten Vorschriften über Kleidung und vegetarische Ernährung, die Priester und Priesterinnen leben im Zölibat. Zu ihren besten Zeiten, in den 1940er Jahren, hatte die Sekte im Süden 4 Mio. Mitglieder. Heute stehen die meisten Kirchen leer.

Doch die Caodai waren nicht immer so harmlos, wie sie heute erscheinen. Zuerst wandten sie sich gegen die Franzosen, wofür manche im Gefängnis schmorten, dann paktierten sie im Zweiten Weltkrieg mit den Japanern gegen Frankreich. Sie bauten Privatarmeen auf, die jenen zu Hilfe kamen, die am besten bezahlten. So wurde die Wirtschaft der Provinz Tay Ninh von ihnen abhängig. Erst der katholische Präsident Diem bekämpfte ihren Einfluss, und obwohl die CIA eine Zeitlang mit dem Gedanken spielte, die Caodai als dritte Kraft aufzubauen, unterstützten die Amerikaner schließlich den Präsidenten. Danach brachen die Armeen auseinander und die Zahl der Gläubigen ging schnell zurück.

Karte Seite 86

Sun Yatsen, Victor Hugo und Nguyen Binh Khiem: von den Caodai vereinnahmt

Strandleben im Süden

Vung Tau

Die Strände von Vung Tau sind nicht die besten, aber von Saigon per Straße oder Expressboot in zwei Stunden zu erreichen. Zum Baden empfiehlt sich der **Hintere Strand** *(Bai Sau)* mit viel Sand, Cafés und Buden. Auf einem Spaziergang gelangt man zum **Chua Ngoc Bich**, einer farbenfrohen Nachbildung der Einsäulenpagode in Hanoi. Nebenan ist der **Chua Quan Am Nam Hai** der Göttin der Barmherzigkeit gewidmet. An der Spitze der Halbinsel blickt eine 30 m hohe Jesusfigur übers Meer. Die interessanteste Sehenswürdigkeit liegt am Nordende des Vorderen Strandes: die **Weiße Villa** *(Bach Dinh)*. Das zweigeschossige Haus in einem Garten war einst Residenz französischer Gouverneure und ist heute Museum. Ausgestellt ist die von Tauchern geborgene Porzellanfracht einer gesunkenen chinesischen Handelsdschunke.

Vung Tau Tourism, 33 Tran Hung Dao St., Tel. 064/856445.

Sammy, 18 Thuy Van, Tel. 064/854755, Fax 854762, www.sammyhotel.com/vietnam. Modernes Haus am hinteren Strand unter Hongkonger Management. Zimmer teils mit Meerblick, teils mit Bergblick. ○○

Petro House, 63 Tran Hung Dao, Tel. 064/852014, Fax 852015, petro.htl@hcm.vnn.vn. Neues Hotel mit effizientem Service. ○○

Phu Quoc

Die größte Insel Vietnams liegt im Golf von Siam, schon vor der kambodschanischen Küste, und entwickelt sich gerade zu einem attraktiven Wochenendziel. Sie besitzt keine Sehenswürdigkeiten, aber einige schöne Strände zum Entspannen, Schnorcheln und Tauchen und viel unberührte Natur zum Wandern und Mountainbiken.

Flughafen: tgl. Flüge von Ho-Chi-Minh-Stadt und mehrmals wöchentlich von Rach Gia (S. 87). Fähren tgl. in beide Richtungen zwischen Rach Gia und Phu Quoc, Fahrzeit ca. 3–6 Std., Preis ca. 10–15 US$.

La Veranda Resort & Spa, Duong Dong Beach, Tel. 077/982988, Fax 982998, www.laverandaresort.com. Derzeit bestes Resort auf der Insel mit 43 Zimmern und allen Annehmlichkeiten. ○○○

Saigon Phu Quoc, 1 Tran Hung Dao, Duong Dong, Tel. 077/846510, phuquocsales@hcm.vnn.vn. Erstes größeres Resort am Ort, vom Staatskonzern Saigontourist. ○○

Tropicana, Duong Dong, Tel. 077/847 127, tropicana_vn@yahoo.com. Sehr angenehmes Resort mit unterschiedlicher Zimmerqualität in Bungalows direkt am Strand. ○○

***Hue

Die Anmut der Flusslandschaft

In der beschaulichen und weitläufigen Hauptstadt des 19. Jhs. passen sich die Besucher gern dem gemächlichen Lebensrhythmus der Bewohner an und verteilen die Besichtigung auf zwei oder drei Tage. Auf dem Programm stehen der chinesisch geprägte Palast, die Königsgräber und ein Ausflug auf dem von Hügeln gesäumten Fluss.

Geschichte

Lange war Phu Xuan, wie die Stadt einst hieß, eine Kleinstadt am Huong Giang, der wegen der auf ihm treibenden Blüten gern »Fluss der Wohlgerüche« genannt wird. Erst Ende des 17. Jhs. stieg die Heimat der Adelsfamilie Nguyen, die in der Le-Dynastie den Süden beherrschte, zum regionalen Zentrum auf, was sie unter den Tay-Son-Rebellen blieb. 1801 hatte Nguyen Anh auf seinem Eroberungszug von Süden kommend seine Heimatstadt erreicht. Ein Jahr später, nach der Niederwerfung Hanois, ließ er sich in Hue zum König Gia Long ausrufen. Die neue Nguyen-Dynastie sollte die letzte sein und Hue wurde Hauptstadt.

Die Nguyen orientierten sich am Konfuzianismus und dem chinesischen Kaisertum. Also musste auch ein Palast her, eine Miniaturkopie des Anfang des 15. Jhs. in Peking erbauten Kaiserpalastes. Ein Konfuziustempel und eine Nationalakademie entstanden, ein Altar zur Anrufung von Himmel und Erde, dann die Königsgräber in den umliegenden Hügeln, die ebenfalls ihre Vorbilder aus der Ming-Dynastie nicht leugnen können.

Statt sich von der Welt ab- und der 2000 Jahre alten Ideologie des Konfuzianismus zuzuwenden, hätten sich die Nguyen-Herrscher auch mit den drohenden Gefahren für ihr Land beschäftigen können. Doch vor allem Tu Duc, der vierte König, verschloss die Augen vor den anrückenden französischen Truppen und überließ den Kolonialherren immer größere Teile des Landes fast freiwillig. Einige seiner Nachfolger riefen zum Widerstand auf oder zeigten sich unbotmäßig, doch da war es bereits zu spät: Sie wurden abgesetzt oder ins Exil geschickt.

Am Ende des Zweiten Weltkriegs kam das Aus für die Operettenkönige, die pro forma eingesetzt worden waren. Am 24. August 1945 übergab Bao Dai die Abdankungserklärung an die Vertreter des Viet Minh, die den Norden regierten, und nach einem

Welterbe

Die UNESCO hat die Zitadelle auf die Liste des schützenswerten Weltkulturerbes gesetzt und unterstützt die schwierige Restaurierung. Die Anlage litt mehr als andere Bauwerke unter den Kriegen in Vietnam: 1947 wurden viele Hallen im Kampf gegen die Franzosen zerstört, doch richtig schlimm wurde es 1968: In der *tet*-Offensive besetzten die Soldaten der Südvietnamesischen Befreiungsfront die Zitadelle und hielten sie mehrere Wochen. Schließlich bombardierten die Amerikaner rücksichtslos ihre Stellungen und legten das Areal in Schutt und Asche.

kurzen Intermezzo nach Teilung Vietnams zog er sich endgültig an die Côte d'Azur zurück, wo er 1997 starb.

Die **Zitadelle

Die Zitadelle liegt in geomantisch günstiger Lage am Nordufer des Flusses: Im Rücken schützten sie Berge, nach Süden blickt sie zur Sonne, auf den Fluss und eine weite Ebene. Sie ist von einer 10 km langen, 6 m hohen und 20 m dicken Mauer und einem 23 m breiten und 4 m tiefen Wassergraben umgeben, besitzt zehn Tore und wurde einst von 24 Bastionen geschützt. Nach den chinesischen geomantischen Bauprinzipien ist sie (fast) quadratisch, denn sie stellt das Zentrum der Herrschaft auf der Erde dar, und die Erde dachte man sich als quadratische Scheibe. Die wichtigsten Bauwerke liegen auf einer zentralen Achse, weniger wichtige paarweise im rechten Winkel dazu oder auf parallelen Seitenachsen. Nicht das einzelne Gebäude steht im Vordergrund, sondern das gesamte Ensemble.

Auf der zentralen Achse liegen am Fluss kleine Pavillons, in denen früher Edikte verlesen wurden. Dahinter ragt auf der mächtigen, dreistufigen Terrasse der 21 m hohe Flaggenturm auf. Seitlich reihen sich nur notdürftig geschützt neun 5 m lange und 10 t schwere Kanonen auf. (Öffnungszeiten: tgl. 7–17 Uhr.)

Zeremonieller Eingang

Den eigentlichen Palastbereich betritt man durch das ****Mittagstor,** das in Form und Aufbau dem gleichnamigen Eingang in den Kaiserpalast von Peking ähnelt. Es ist Teil einer weiteren Mauer, auf die fünf Pavillons aufgesetzt wurden. Vom mittleren, mit Glasurziegeln in königlichem Gelb

Lâm-Pavillion auf dem Areal der Zitadelle

gedeckt und mit Glückssymbolen verziert, beobachtete der König Zeremonien und Paraden, während die Damen im oberen Stockwerk durch Paneele blinzeln konnten, ohne selbst gesehen zu werden.

Wenn Sie nun durch das mittlere Tor und über die Brücke des künstlichen Sees schreiten, wandeln Sie auf königlichen Spuren – beide waren einst dem Herrscher vorbehalten. Im **Hof der Riten** nahmen einst die Mandarine Aufstellung, getrennt nach Militärs, Zivilisten und dem Range nach an kleinen Steinstelen ausgerichtet. Ihr Blick fällt dann auf die ****Halle der Höchsten Harmonie,** die, 44 m breit, 30 m tief und 12 m hoch, ebenfalls ihren Vorgänger in Peking nachahmt. Hier gewährte der König Audienzen. Zwischen den massigen Säulen – in Rot, der Farbe des Glücks, und in Gold, der Farbe des Herrschers, gehalten und mit Drachen, den königlichen Symboltieren, geschmückt – saß der Mächtige auf seinem Thronsessel.

Neubauten

Die weiter nördlich gelegenen Bauten waren durch die amerikanischen Bombenangriffe fast vollständig zerstört worden. Zunächst wurde eine **Bibliothek** wiedererrichtet, ein luftiger Pavillon mit sehr bunt geratenen Verzierungen aus Glas und Porzellanscherben. Inzwischen sind auch einige der Wohnpaläste des Königshauses wiedererstanden, etwa der **Dien Tho,** der Palast der Königinmutter. Leider sind die Neubauten keine Rekonstruktionen der historischen Bauwerke. Sie bestehen aus sehr viel Beton, folgen nicht unbedingt den historischen Maßen und nehmen nicht einmal dieselbe Lage ein. Weshalb die UNESCO ein derartiges Vorgehen hinnimmt, bleibt ein Rätsel.

Sehenswertes

Relativ gut erhalten sind die Tempel in der Südwestecke des Palastes. Früher betrat man sie von Süden durch ein prächtiges dreiflügeliges Tor, von dem aus man auf den **Pavillon der Glorreichen Ankunft** blickte, der als einziges Bauwerk im Palast drei Stockwerke hatte. Dort gedachte man derjenigen, die für die Errichtung der Nguyen-Dynastie ihr Leben gelassen hatten.

Im nächsten Innenhof stehen die in ganz Vietnam bekannten ***Neun Dynastischen Urnen:** Die großen Bronzegefäße entstanden um 1835 und zeigen jeweils 17 Darstellungen von Flüssen, Bergen, Seen, Tieren, Pflanzen und mythischen Wesen Vietnams, die Einheit und Wohlstand des Landes symbolisieren sollten.

Der Hof führt zum 1821 erbauten ***The-Tempel,** in dem heute der Nguyen-Könige gedacht wird. Bis 1958 reihten sich sieben Altäre mit den Ahnentafeln von Königen und Königinnen auf, dann wurden auf Bitten der Königsfamilie drei weitere für die von den Franzosen ins Exil geschickten Könige hinzugefügt, so dass jetzt zehn der 13 Herrscher verehrt werden können. Nur dem letzten König, Bao Dai, und zwei nach kurzer Regierung abgesetzten Familienmitgliedern blieb die offizielle Anerkennung weiter versagt.

***Palastmuseum**

Außerhalb, unweit der südöstlichen Ecke der Palastmauer, wurde im Long An-Palast ein Museum mit Möbeln, Kleidung und Dekorationen aus dem Palast eingerichtet (3 Le Truc). Allein das wohlproportionierte Holzbauwerk lohnt einen Besuch, denn es besteht aus einem Rahmen aus dicken Balken des extrem harten Eisenholzes. Zahlreiche Schnitzereien, unter anderem 35 Gedichte und Prosatexte, zieren Balken und Fenster. (Di–So 7–17 Uhr.)

Boote für die Flussfahrt mietet man am besten an der Le Loi, rechts neben der Trang-Tien-Brücke. Ein kleines Boot kostet bis zur Thien-Mu-Pagode ab 10 US$ und weiter zum Mausoleum Minh Mangs das Doppelte.

**Thien-Mu-Pagode

Eine erholsame Flussfahrt führt zur zum Wahrzeichen Hues, der Pagode, die König Tu Duc 1858 einige Kilometer westlich des Palastes direkt am Ufer errichten ließ (auch per Straße erreichbar). Der achteckige **Phuo Duyen-Turm** symbolisiert mit seinen sieben Stockwerken sieben Inkarnationen des Buddha. Zwei kleinere Pavillons schützen eine Marmorstele mit der Geschichte des Tempels (1714) und eine 2,5 m große Glocke (1710). Hinter der hohen Mauer liegt der eigentliche Tempel mit einem mächtigen Di Lac (s. S. 26) aus Messing.

Eine ungewöhnliche Sehenswürdigkeit steht in einer Garage: ein alter Austin mit einem berühmten Foto in der Windschutzscheibe. Es zeigt die Selbstverbrennung des Mönches Thich Quang Duc am 11. Juni 1963 aus Protest gegen die Buddhistenverfolgung des katholischen Diktators

Thien-Mu-Pagode

Diem. Hue war damals Zentrum des Widerstands und der Mönch reiste von hier nach Saigon, ließ sich im Austin zur Straßenkreuzung fahren, mit Benzin übergießen und anzünden. Das Foto erregte großes Aufsehen in den USA, die Diem fünf Monate später fallen ließen.

Herrlich ist der Blick von der Pagode über den Fluss und auf die umliegenden Berge, besonders stimmungsvoll bei Sonnenuntergang.

Die Königsgräber

Weitere 5 km flussaufwärts ist das ****Grab des Königs Minh Mang** *(Lang Hieu)* erreicht. Er war der zweite der Dynastie und regierte 1820–1841. Der Tradition folgend, hatte er zu Lebzeiten mit dem Bau seines Mausoleums nach chinesischem Vorbild begonnen.

Auch hier liegen alle Gebäude auf einer zentralen Achse, beginnend mit dem Großen Roten Tor, das zu einem Innenhof führt, den zwei Reihen von

In der Grabanlage Tu Ducs

steinernen Wächtern säumen. Die große Stele berichtet aus dem Leben des Königs; in den folgenden zwei Tempelhallen opferten die Nachkommen. Drei Brücken führen über den künstlich angelegten See zum Pavillon der Klarheit, von dem aus man einen guten Blick auf einen weiteren, mondsichelförmigen See hat, über den nur noch eine Brücke führt, denn vom halbrunden ummauerten Grabhügel gab es keinen Weg zurück.

Zwei weitere Gräber sind besser auf dem Landweg zu erreichen. Die Straße führt zunächst genau auf den Altar für Himmel und Erde zu, der nicht besonders gut erhalten ist. Vor dem Altar biegt die Straße ab und führt zum ****Grab Tu Ducs** *(Lang Khiem)*, des vierten und vielleicht tragischsten Königs der Dynastie (Regierungszeit 1847–1883). Als 1867 seine parkähnliche Grabanlage fertig gestellt war, zog er sich immer häufiger hierher zurück, während die Franzosen die Macht im Land übernahmen. Tu Duc saß derweil mit seinen Konkubinen am See und rezitierte Gedichte. Die Anlage richtet sich nach zwei parallelen Achsen aus. Die Gebäude im Süden nutzte der König zu Lebzeiten als Wohnräume, heute dienen sie dem Gedenken an ihn und seine Königin Le Thien Anh.

Die nördliche Achse beginnt mit einer Terrasse für die paarweise aufgestellten steinernen Wächter, die mit gut 1,50 m die Körpergröße Tu Ducs erreichen. Auf der nächsten Ebene ragt die größte Steinstele des Landes als Grabstele auf; der König verewigte hier seine Lebensgeschichte in 5400 Zeichen. Ein halbmondförmiger See bildet dann die Grenze zum Reich des Toten, das aber nicht mehr aus einem traditionellen halbkugelförmigen Hügel besteht: Von einer hohen Mauer umgeben steht vielmehr ein Steinsarkophag in einem offenen Innenhof, der allerdings nicht die letzte Ruhestätte Tu Ducs ist – von hier aus wurden elf Tunnel gegraben, und alle, die wussten, in welchen des Königs Sarg geschoben wurde, folgten ihm in den Tod. (Öffnungszeiten: tgl. 7–17 Uhr.)

Französischer Barock

Knapp 5 km südlich zieht sich das ***Grab Khai Dinhs** (Lang Ung) einen Hügel hinan. Der König regierte von 1916–1925 und war stark von europäischen Baustilen beeinflusst. Eine steile, breite Treppe, von mächtigen Betondrachen gesäumt, führt zu einer Plattform mit betonierten Wächtern. Noch höher liegt der Grabbau, der aus drei ineinander übergehenden Räumen besteht. Im Gegensatz zum grauen Äußeren ist das Innere mit bunten Kacheln, Glas- und Porzellanscherben dekoriert; die Blechkränze von der Beerdigung hängen noch an der Wand.

Infos

Vorwahl 054

Hue Tourism, 15 Le Loi, Tel. 846723, Fax 824806.

Flughafen: Hanoi, Ho-Chi-Minh-Stadt.

Huong Giang, 51 Le Loi, Tel. 822122, www.huonggiangtourist.com. Für das altmodische Staatshotel spricht die Lage direkt am Fluss. Dachterrassenrestaurant. ○○○

La Résidence Hôtel & Spa, 5 Le Loi, Tel. 837475, Fax 837476, www.la-residence-hue.com. Direkt am Fluss gelegenes Boutiquehotel im Art-Déco-Stil. ○○○

Saigon Morin, 30 Le Loi, Tel. 823526, www.morinhotel.com.vn. Das 100 Jahre alte Kolonialhotel verfügt über große, teilweise renovierte Zimmer und einen schönen Innenhof mit Café und Restaurant. ○○

Binh Minh Sunrise, 36 Nguyen Tri Phuong, Tel. 825526, www.binhminhhue.com. Beliebtes Familienhotel in guter Lage mit sauberen Zimmern. ○

Tinh Gia Vien, 20/3 Le Thanh Ton, Tel. 522243. Im äußeren Bereich der Zitadelle, auf einer Terrasse in einem Bonsaigarten, serviert Ton Ngu Ha, eine der bekanntesten Köchinnen Vietnams, die königliche Küche. ○○○

Vuon Xinh, QL 49, nördlich des Dong-Pa-Marktes, Tel. 812761. Hier werden königliche Bankette für Touristen inszeniert. Als Adlige oder Hofbeamte gekleidet und von traditioneller Musik begleitet, genießen die Gruppen die lange Folge von höfischen Köstlichkeiten. ○○

Y Thao Garden, 3 Thach Han, Tel. 523018. Feste Menüs mit einer Auswahl aus der Palastküche und den Spezialitäten Hues. ○○

Club Garden, 8 Vo Thi Sau, Tel. 826327. Einfaches Gartenrestaurant südlich des Flusses mit großer Auswahl vietnamesischer Speisen. ○

The Tropical Garden, 27 Chu Van An, Tel. 847143. Menüs oder Gerichte à la carte in einem luftigen Raum in einem Garten; abends Volksmusik. ○

Tour 1

1 Karte Seite 73

Spielwiese des Drachen

Hanoi → Hai Phong → ***Ha-Long-Bucht

Wer anders als ein übermütiger Drache kann die 3000 Inseln so idyllisch in die weite Ha-Long-Bucht verstreut haben? Und wenn Sie dann auf einem Boot hindurchgleiten und sich noch eine Dschunke mit braunen Segeln vor die Kameralinse schiebt ... Doch werfen Sie auch einen Blick in die Hafenstadt Hai Phong, die ihre koloniale Vergangenheit gerade aufmöbelt.

Der Hafen von Hong Gai

Hai Phong ❶

Unterwegs werden Ihnen die mächtigen Deiche auffallen, die im Unterlauf des Roten Flusses die Wassermassen kontrollieren und gebändigt auf die fruchtbaren Felder strömen lassen. Die Franzosen bauten Hai Phong 1874 gezielt als typischen Kolonialhafen aus, der die Citroëns und den Rotwein im- und die Rohstoffe exportierte.

Hai Phong ist die drittgrößte Stadt (1,9 Mio. Einw. im Großraum, 520 000 in der eigentlichen Stadt). Seine wirtschaftliche Zukunft ist ungewiss, da es heute 20 km landeinwärts liegt. Also sucht man Investoren für einen neuerlichen Ausbau des Hafens. Dieser war häufig Ziel französischer und amerikanischer Bomben. 1972 ließ ihn US-Präsident Nixon während der Pariser Waffenstillstandsgespräche wegen der strategischen Bedeutung verminen. Trotzdem behielt die Stadt einen alten Kern, der einen Spaziergang lohnt. Im **Dinh Hang Kenh** (Pho Hang Kenh) sind zahllose Holzreliefs zu sehen, der **Chua Du Hang** (121 Pho Du Hang) vermittelt einen Eindruck der Tempelarchitektur des 17. Jhs. Die **Oper** ist renoviert.

Harbour View, 4 Tran Phu, Tel. 031/827827, Fax 827828, www.harbourviewvietnam.com. Geschmackvolle Einrichtung, am Rande des Zentrums. Internationale Küche. ❍❍

Ein Teil der ***Insel Cat Ba,** östlich der Stadt, ist Nationalpark – Lebensraum von Affen, Wildschweinen, Rotwild und vielen Vogelarten, einiger Edelhölzer und von Heilpflanzen: ein Ort für stille Wanderungen. Zahlreiche Minihotels gibt es im Ort **Cat Ba** an der Südküste (15 000 Ew.).

Auf dem Weg zur Ha-Long-Bucht überqueren Sie den Fluss **Bach Dang.** In dessen Fluten besiegten die Vietnamesen zweimal Invasoren mit der gleichen Kriegslist: 938 schlug Ngo Quyen die Chinesen und 1187 Tran Hung Dao die Mongolen. Die Heerführer hatten bewehrte Pfähle so in das Flussbett rammen lassen, dass diese bei Flut

1
Karte Seite 73

Versäumen Sie nicht eine Bootsfahrt in der Ha-Long-Bucht

unsichtbar waren, und lockten in kleinen Booten den Gegner auf seinen großen Kriegsdschunken in die Flussmündung – bei Ebbe saßen die Feinde dann fest.

8 ***Ha-Long-Bucht ❷

In der letzten Eiszeit bildete sich eine der schönsten Landschaften Vietnams: die Ha-Long-Bucht. Damals senkte sich die südwestchinesische Kalktafel, ließ das Wasser aus einigen Regionen ablaufen und überschwemmte die Küstenebene. Was heute als Inseln aus dem Wasser ragt, sind rund 3000 Bergspitzen in der Bucht und weiter nach Norden. Für die skurrilen Formen, die jetzt die Fantasie der Bootsführer beflügeln, sorgten Salzwasser, Wind und Vegetation. Manche sagen, dass bei Nieselregen die Schattierungen von Inseln, Wasser und Dschunken am geheimnisvollsten wirken.

Und dann wird Ihnen sicher eine andere Entstehungsgeschichte erzählt: In einem Berg schlief ein Drache. Eine feindliche Invasionsflotte störte ihn und er stürzte sich auf die Eindringlinge hinunter ins Wasser. Mit seinem Schwanz zog er dabei tiefe Täler in die Landschaft, die sich mit Wasser füllten, als sein mächtiger Körper im Meer versank. Seitdem heißt die Bucht »herabsteigender Drache« – *ha long*.

Bootsausflüge in der Bucht dauern 3 bis 6 Stunden und können am Pier gebucht werden. Die Preise sind allerdings hoch, sodass

Waffenlager

Interessantes Ausflugsziel in der Bucht ist die Insel der Holzpfähle, **Hang Dau Go.** Über eine Treppe erreicht man die riesige Höhle mit ihren Stalaktiten und Stalagmiten, in der Tran Hung Dao sein Material für die Überlistung der Mongolen gelagert haben soll.

Sie besser den gesamten Ausflug in Hanoi vorbuchen.

Die touristischen Einrichtungen der Gegend befinden sich in **Bai Chay** entlang der Uferpromenade. Vom Hügel oberhalb haben Sie einen guten Blick auf die Bucht. Auf der anderen Seite der Meerenge liegt **Hong Gai,** seit dem 19. Jh. der Kohlehafen der Region. Er bietet außer einigen hübschen bunten Häusern und Tempeln kaum Sehenswürdigkeiten.

Ha Long, Bai Chay, Tel. 033/ 846320, Fax 846318.
Das größte, etwas altmodische Hotel liegt am weitesten vom Bootsanleger entfernt. ❍❍

▮ **Ha Long Plaza,** 8 Bai Chay, Tel. 033/ 845810, Fax 846867, plazaqn@ hn.vnn.vn. Das neue Hotel mit 200 Zimmern und Suiten bietet einen guten Blick auf die Bucht sowie vier Restaurants und eine Disko. ❍❍

▮ **Vuon Dao,** Bai Chay, Tel. 033/ 846427, Fax 848287, vuondaoht.qn@ hn.vnn.vn. Neueres, etwas gesichtsloses Haus am Hang. ❍❍

Die meisten Besucher essen in den Hotel-Restaurants. Einfache Essstuben gibt es gegenüber dem Bootskai und an der Uferstraße mit Schwerpunkt bei der Post.

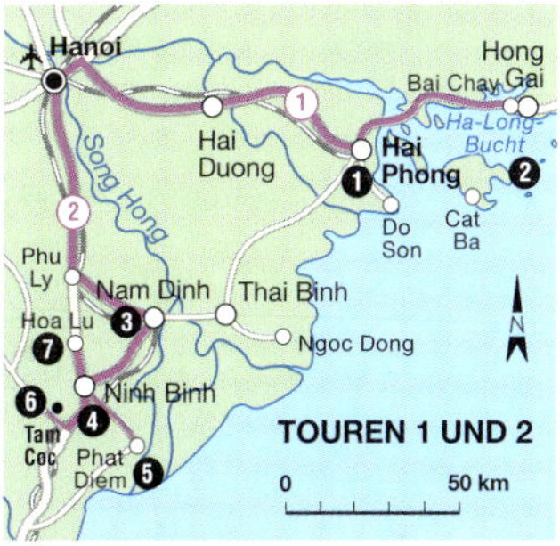

Tour 2

Skurrile Felsen und alte Könige

Hanoi → Ninh Binh → **Phat Diem → Tam Coc → Hoa Lu

Die zweitägige Reise in die fruchtbare Küstenlandschaft südöstlich der Hauptstadt bietet viel Abwechslung. Der Dom von Phat Diem verschmilzt christlich-europäische und buddhistisch-asiatische Stilelemente zu einer neuen Mischung. Höher noch als der Dom ragen die steilen Felsen aus den Reisfeldern der trockenen Ha-Long-Bucht. Mitten hindurch gleiten Sie im flachen Kahn über einen Fluss zu drei bizarren Höhlen. Und in die alte Geschichte Vietnams tauchen Sie ein, wenn Sie die Tempel in Hoa Lu besuchen, das Ende des 10. Jhs. Hauptstadt des Reiches war.

Graham Greene beschrieb das südliche Delta des Roten Flusses in seinem Roman »Der stille Amerikaner« (s. S. 54) als »holländisch anmutende Landschaft, wo junge grüne Reissprösslinge und goldene Erntefelder den Platz der Tulpen einnehmen und Kirchen jenen der Windmühlen...«. Hier liegt das fruchtbarste Reisanbaugebiet des Nordens, doch schon die Franzosen setzten auf industriell verwertbare Pflanzen wie Baumwolle, die in Textilbetrieben verarbeitet wird. Vor allem in der Umgebung von Ninh Binh ragen aus dem flachen, grünen Reismeer vereinzelt Kalksteinfelsen empor, die von der Zementindustrie gierig verschlungen werden. Übrig bleibt ein feiner weißer Staub, der sich überall festsetzt.

2
Karte Seite 73

Im Dom von Phat Diem

2 Karte Seite 73

Die verhältnismäßig guten wirtschaftlichen Bedingungen lockten zahlreiche Menschen an und so gehört die Reiskammer zu den dichtest besiedelten Regionen Vietnams. Mit ca. 400 000 Einwohnern ist **Nam Dinh ❸** nach Hanoi und Hai Phong drittgrößte Stadt des Nordens, **Ninh Binh ❹** mit gut 90 000 Einwohnern kleiner. Die Städte sind keine Schönheiten, denn die US-Bomben radierten sie fast völlig aus. Nach dem Krieg schuf man durch schlichte Betonbauten schnell neuen Wohnraum.

**Phat Diem ❺

Der **Dom** von Phat Diem ist die bedeutendste Kirche in dieser Region, einst Hochburg des Katholizismus. Nach dem Genfer Abkommen (1954) und der erneuten kommunistischen Machtübernahme im Norden flohen viele Katholiken; erst in den letzten Jahren wurden die Gotteshäuser wieder für Gläubige geöffnet.

Tran Luc wurde 1865 Pfarrer von Phat Diem, von seiner Gemeinde liebevoll Père Six genannt. 1891 begann er mit dem Bau des Doms, der bei seinem Tod 1899 noch nicht beendet war. Sein Lebensziel war die Synthese von westlich-christlichem Gedankengut und östlichen Traditionen, die er auch optisch zum Ausdruck bringen wollte.

Eine große, in einem See stehende Jesusstatue, flankiert von Petrus und Paulus, empfängt Sie. Der 25 m hohe Glockenturm birgt neben einer Glocke auch eine Trommel – eine buddhistische Anleihe. Vom zweiten Stock des Turms schweift der Blick weit über die »holländische Landschaft«, auf die zahlreichen Kirchtürme der Umgebung. Unten im Turm liegt das größte Steinbett Vietnams, ein 4,2 mal 3,2 m messender und 35 cm hoher schwarzer Block (Anfang 15. Jh.). Nur wenige Schritte weiter fand Père Six seine letzte Ruhestätte.

Ganz in der vietnamesischen Tradition tragen Säulen die ganze Last des dekorativ geschwungenen Daches des Doms, das auf 52 aus jeweils einem Stamm gefertigten Stützen ruht, die sich im 74 m langen und 21 m breiten Kirchenschiff aneinanderreihen. Die Außenwände bestehen aus dünnen Brettern, die bei Hitze herausgenommen werden können. An der Fassade blasen zwei Engel zum Jüngsten Gericht. Den Altarraum beherrscht ein steinerner Hochaltar mit einer Marienfigur und den Bildnissen von sechs vietnamesischen Märtyrern, die Mitte des 19. Jhs. ums Leben kamen, als die Könige in Hue vorübergehend die Christianisierung bekämpften.

Tam Coc und Hoa Lu

Auf der Weiterfahrt leuchten entlang der Straße Reisfelder in sattem Grün oder Goldgelb. Doch bald sind Sie

In der Trockenen Ha-Long-Bucht

2
Karte Seite 73

umgeben von 40 bis 80 m hoch aufragenden Felstürmen in den skurrilsten Formen. Diese Kalkstrukturen entstanden vor Tausenden von Jahren beim Abfluss des Meeres. Wegen ihrer Ähnlichkeit mit der Insellandschaft weiter nördlich wird die Gegend ***Trockene Ha-Long-Bucht** genannt.

In **Ninh Hai** können Sie einen flachen Kahn besteigen und sich durch Reisfelder staken lassen. Nach einer knappen Stunde erreichen Sie die **Drei Höhlen** *(Tam Coc)* ❻: 3 m hoch und dunkel ist die erste, besser sehen Sie die bizarren Felsformationen in der kürzeren und damit helleren zweiten Höhle, kaum noch Kopffreiheit bleibt in der dritten. Leider wird das Vergnügen durch die zahlreichen hartnäckigen Verkäuferinnen zweitrangiger Stickereiarbeiten stark getrübt, die einen selbst per Boot noch hoffnungsvoll verfolgen.

Am Rande der Karstberge, 12 km nördlich von Ninh Binh, liegt der unscheinbare, aber geschichtsträchtige Ort **Hoa Lu** ❼. Im 10. Jh. war er für einige Zeit Hauptstadt Vietnams, als die chinesischen Besatzer 938 vertrieben waren, aber zwölf hochgerüstete Fürsten um die Macht kämpften. 968 gewann Dinh Bo Linh die Oberhand; seine Hauptstadt verlegte er nach Hoa Lu. Doch der neue König Dinh Tien Hoang verbreitete Angst und Schrecken; 979 fielen er und sein ältester Sohn einem Attentat zum Opfer. Sein Heerführer riss die Macht an sich, setzte den sechsjährigen Königssohn auf den Thron und heiratete die Königswitwe. Der General nannte sich König Le Dai Hanh, doch er und sein Sohn regierten nur 30 Jahre, bis im Jahr 1009 durch die Ly-Dynastie stabile Verhältnisse geschaffen wurden und Thang Long, das heutige Hanoi, Hauptstadt des Reiches wurde.

Jede Fraktion hat einen Tempel im Dorf. Im **Den Le Hoang** wird König Le Dai Hanh verehrt, dessen Statue in der Haupthalle flankiert ist von Sohn und Gattin.

Das Herz der Dorfbewohner scheint eher für seinen Vorgänger zu schlagen, denn der **Den Dinh** ist schöner dekoriert und geomantisch günstig am Fuss eines Berghangs gelegen. Die Statuen von Din Bo Linh und seinen Söhnen stehen in der Haupthalle.

Am 8. Tag des 3. Mondmonats feiern die Tempel ihr Fest. Dann tragen die Bewohner traditionelle Kleidung und ziehen in einer bunten Prozession mit den Statuen durch den Ort und über die Felder.

Herrlicher Ausblick

Nur 2 km von Ninh Hai entfernt können Sie zum Felsentempel **Chua Bich Dong** klettern. Die ersten Statuen stehen dort schon seit dem 13. Jh. In Felslöchern und kleinen Tempeln auf dem Felsplateau sehen Sie Buddha- und Quan Am-Figuren. Noch eindrucksvoller ist allerdings der *Blick von oben auf die herrliche Landschaft.

Anreise

Täglich mehrere Züge zwischen Hanoi und Ninh Binh (Fahrzeit 2–4 Std.). Mit dem Auto sind Sie knapp 2 Std. unterwegs (die N 1 ist hier gut ausgebaut).

Thuy Anh Hotel, 55A Truong Han Sieu, Ninh Binh, Tel. 030/871602, Fax 876934, www.thuyanhhotel.com. Sympathisches Stadthotel mit sauberen, komfortablen Zimmern. Vom Roof Top Garden hat man Ausblicke auf die Stadt. ○–○○

Tour 3

Tempel und Paläste

Hue → *Wolkenpass → Da Nang → *Marmorberge → China Beach → ***Hoi An → *My Son

In der Mitte des Landes geht alles etwas gemächlicher zu. Jenseits des Wolkenpasses fasziniert in der Großstadt Da Nang das Cham-Museum mit Fundstücken aus Heiligtümern des einst hinduistischen Volkes. Viele stammen aus My Son, dem leider stark zerstörten Tempeltal. Ganz leicht kommen Sie hingegen zu den fünf aus der Ebene aufragenden Marmorbergen mit ihren Höhlentempeln und zum China Beach. Ein paar Kilometer weiter steht die Innenstadt von Hoi An unter dem Schutz der UNESCO. Am besten richtet man sich für drei bis vier Tage am China Beach oder in Hoi An ein und unternimmt von dort Ausflüge.

Von Hue nach Da Nang

Von Hue (s. S. 66) fährt man zunächst durch die Felder der weiten Ebene und gelangt nach ca. 50 km zur **Halbinsel Lang Co ❽** mit ihren kilometerlangen weißen Stränden. Es gibt mehrere Resorthotels direkt am Strand, auch mit Pool und Restaurant, die jedoch sehr einsam liegen, sodass man ganz auf ihre Infrastruktur angewiesen ist.

Hinter der Halbinsel beginnt der ***Wolkenpass ❾**, Vietnams Wetterscheide zwischen dem subtropischen Norden und dem tropischen Süden. Wenn man nicht durch den neuen Tunnel fährt, sondern auf der von den Franzosen 1888 ausgebauten Straße

Blick vom Wolkenpass

die Passhöhe von 496 m erreicht hat, weht meist ein kühler Wind, der prachtvolle Wolkengebirge vor sich her treibt. Vom Parkplatz fällt der Blick auf verfallende Befestigungsanlagen, über 1000 m hohe Gipfel, zwei kleine Tempel, in denen Vietnamesen für eine gute Reise opfern, und die Hügel- und Küstenlandschaft.

3 Karte Seite 79

Da Nang ❿

Die Stadt (knapp 1 Mio. Einw.) ist das Tor zum Reich der Cham (s. S. 78), die die Region vom 4. bis 14. Jh. beherrschten. Erst im späten 15. Jh. gründeten die Viet einen kleinen Hafen, wo schon 100 Jahre später europäische Missionare landeten. 1858 trafen die Franzosen hier mit ihren Expeditionstruppen ein und nannten die Stadt Tourane. Die Amerikaner folgten ihnen 1965. Die US-Militärbasis ließ die Bevölkerungszahl rasant auf 800 000 steigen. Viele Menschen flohen aufgrund des Krieges in die Stadt.

Heute ist Da Nang die viertgrößte Stadt des Landesund maussert sich zu einer Metropole. Sie können einen Spaziergang über den Hung-Vuong-Boulevard hinunter zum Markt und dem Han-Fluss machen. Am Ufer ver-

3
Karte Seite 79

Die Heiligtümer der Cham

Die Cham hingen zur Blütezeit ihrer Kultur fast durchgehend dem Hinduismus an und waren stark von indischen Einflüssen geprägt. Alle erhaltenen Bauwerke hatten religiösen Charakter, denn die vergänglichen Menschen wohnten in vergänglichen Holzbauten, nur die Tempel waren ab dem 7. Jh. aus Stein.

Die meisten Anlagen richten sich nach Osten aus, zur aufgehenden Sonne. Zeigen die Eingänge nach Westen, so werden die Bauwerke dem Totenkult zugerechnet, denn die Toten gehen nach Westen. Die gesamte Tempelanlage war von einer Mauer umgeben, die heute meist nicht erhalten ist. Durch ein Torgebäude gelangte man in das *mandapa*, eine flache Säulenhalle mit einem Ziegeldach, die zur Vorbereitung der Zeremonien diente. Auf einer Achse dahinter lag das eigentliche Turmheiligtum, *kalan* genannt. Bisher fand man Türme zwischen 3,80 m und 35 m Höhe, auf quadratischem Grundriss, der in der indischen Kosmologie für den Himmel stand. Der quadratische Sockel des Turms repräsentiert die Erde, der etwas schmalere Korpus den Altar und der pyramidenförmige Dachaufbau den Berg Meru, den Sitz der Götter.

Im engen und dunklen Innenraum stand meist eine Kombination aus Yoni und Lingam. Die Yoni ist eine quadratische oder runde Steinplatte mit einer Rinne rundum und einem Ablauf vorne; als empfangendes Element des geweihten Wassers steht sie für das weibliche Geschlecht. Aus ihrer Mitte ragt das Lingam auf, ein zylindrischer, oben abgerundeter Stein, der leicht erkennbar das männliche Geschlecht darstellt; vor allem symbolisiert er aber den wichtigsten Gott der obersten hinduistischen Dreifaltigkeit, den Alleszerstörer und Alleserschaffer Shiva. In einigen Turmheiligtümern sollen sich auch Götterstauten befunden haben, etwa der Urmutter Uroja wie in Po Nagar (Nha Trang) oder des verstörbenen Königs, der eins mit Shiva geworden war.

Meist südlich der Hauptachse ragte ein aus zwei Räumen bestehendes Gebäude namens *kosha-graha* auf, was in der Regel mit »Bibliothek« übersetzt wird. Es besitzt große Fenster und ein hohes, auffällig gewölbtes Dach. Hier wurden wohl Ritualgegenstände und Opfergaben aufbewahrt. Um diese zentrale Gruppe herum standen meist kleinere Tempelbauten, die einigen weniger wichtigen Göttern des Hinduismus geweiht waren.

Ein Streitpunkt der Forscher liegt noch in der Bautechnik, da selbst die höchsten Türme aus gebrannten Ziegeln ohne Mörtel aufgeschichtet wurden. Eine Theorie geht von einem starken Klebstoff aus Muscheln und Ziegelstaub aus, während die andere vermutet, dass die ungebrannten Ziegel aufgetürmt wurden, dann das gesamte Bauwerk mit Erde umgeben und insgesamt gebrannt wurde.

läuft eine breite Promenade mit einigen Restaurants und Hotels. Eine von den Franzosen 1923 erbaute Kathedrale streckt ihre weithin sichtbaren Türme in den Himmel.

9 **Cham-Museum

Die einzige bedeutsame Sehenswürdigkeit der Stadt ist das Cham-Museum an der südlichen Ausfallstraße. Nachdem die *École Française de l'Extrême Orient* Ende des 19. Jhs. begonnen hatte, die Cham-Kultstätten zu erforschen und zu restaurieren, sammelten sich immer mehr Statuen, Friese und Altäre an. Ab 1915 wurden die Fundstücke in einem Museum untergebracht. Das luftige Haus stellt heute etwa 300 Originalstücke aus, nach Fundorten geordnet, darunter einige Prachtstücke: Ein reliefverzierter Altar aus der Gebäudegruppe E1 in My Son (wohl 7. Jh.; Raum 1). Ein Altar aus Tra Kieu (7. Jh.) zeigt auf einem umlaufenden Relief Szenen aus dem indischen Epos Ramayana (Raum 5). Ein buddhistischer Altar aus Dong Duong (aus der kurzen buddhistischen Ära der Cham Ende des 9. Jhs.) stellt das Leben Buddhas dar (Raum 7). In den Räumen 4 und 5 stehen Tierstatuen (10. Jh.) sowie fast rundplastisch gearbeitete Tänzerinnen und Wächter. Statuensockel und Friese mit weiblichen Brüsten, Symbol der Urmutter Uroja (14. Jh.), beherbergt Raum 10. Die späten Plastiken wirken dagegen grob (Raum 6). (Öffnungszeiten: tgl. 8–17 Uhr.)

Saigontourane, 14a Tran Quy Cap, Tel. 0511/821021, www.saigontourane.com.vn. Neu eröffnetes Haus, guter Standard. OO

Apsara, 222 Tran Phu, Tel. 0511/561409. Villa mit Garten und Cham-Dekoration; große Karte. OO

*Marmorberge und China Beach ⑪

Aus der Ebene ragen 8 km südlich von Da Nang fünf rund 100 m hohe Hügel auf, die nach den fünf Elementen der chinesischen Kosmologie benannt sind: *moc* – Holz, *hoa* – Feuer, *tho* – Erde, *kim* – Metall und *thuy* – Wasser. Schon die Cham verehrten in einigen Höhlen Götterfiguren. In jüngerer Zeit verschanzten sich Guerillakämpfer der Befreiungsfront in den Marmorbergen und schauten den amerikanischen GIs am nahen China Beach beim Sonnenbaden zu.

Am Fuß des Thuy Son liegt mit dem Dorf **Non Nuoc** ein Zentrum der Marmorbearbeitung. Überall bieten Läden und Stände den Besuchern Figuren und kleine Relieftafeln an. Hier beginnt auch der Aufstieg. Am besten nehmen Sie die zweite, hintere Treppe. Auf der ersten Ebene blickt ein großer Buddha über eine Nachbildung der Marmorberge. Er steht neben der Linh-Ung-Pagode, die wiederum den Eingang zur Höhle **Dong Tang Chon** verdeckt. Zwei schöne Statuen bewachen die linke Höhle mit einem sitzenden und einem liegenden Buddha. Die Nachbarhöhle beherbergt mit Reliefs verzierte Steinblöcke, die aus der Cham-Zeit stammen sollen. Noch weiter rechts befindet sich ein kleiner

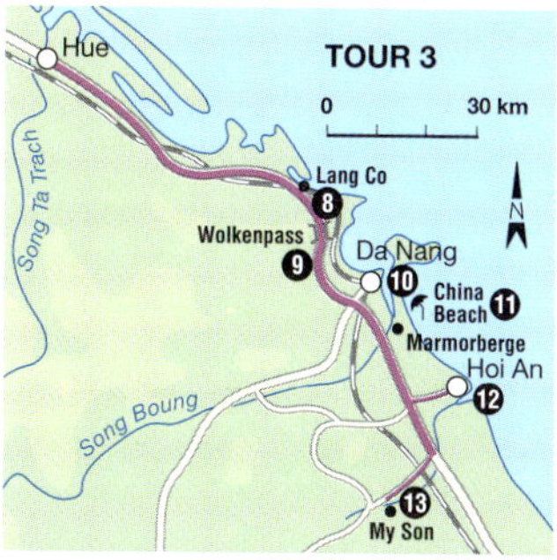

3 Karte Seite 79

3 Karte Seite 79

Die Huyen-Khong-Höhle in den Marmorbergen

Tempel mit daoistischen Figuren. Immer wieder gelangen Sie zu schönen Aussichtsstellen und weiteren Höhlen mit Statuen. Hinter einem großen Felsenkessel, schon fast auf dem Gipfel, führt ein Weg zur großen **Huyen-Khong-Höhle** mit buddhistischen und daoistischen Altären. Mehrere Öffnungen im oberen Bereich der Höhle lassen ein geheimnisvolles Licht herein, das für bizarre Schatten der Stalaktiten sorgt. Jetzt sind es nur noch einige Schritte zum Kloster und dem **Chua Tam Thai.**

Nach dem anstrengenden Aufstieg haben Sie sich sicher eine Kokosnuss verdient. Frisch gestärkt können Sie noch eine Spitze hinaufklettern, um von dort die grenzenlose Rundumsicht zu genießen und dem Hämmern der Steinmetze zu lauschen.

Im Dorf Non Nuoc und entlang der Küstenstraße haben sich zahllose Läden angesiedelt, die aus Marmor gemeißelte Figuren, vom kleinen Fisch bis zum mannshohen Löwen, anbieten. Sie organisieren auch den Export.

Vom Marmorberg sind es etwa 2 km bis zum berühmten **China Beach ⓫**, einem der beliebtesten Strände der amerikanischen Soldaten. Kilometerweit zieht sich der unberührte weiße Sand hin, es gibt jedoch nur wenige schützende Bäume.

Furama Resort Da Nang, 68 Ho Xuan Huong, China Beach, Da Nang, Tel. 0511/847888, Fax 847666, www.furamavietnam.com. Großes Resorthotel der Luxusklasse direkt am Strand. Gute Sportmöglichkeiten und vier Restaurants. ❍❍❍

10 ***Hoi An ⓬

Im 16. Jh. war Hoi An, das damalige Faifo, der bedeutendste Hafen Vietnams, über den China und Japan ihren inoffiziellen Handel abwickelten – offiziell hatte sich Japan von der Außenwelt abgeschlossen, behielt jedoch den Stützpunkt zum Austausch dringend benötigter Waren. 1636 stellte Japan seinen Außenhandel vollständig ein, die Japaner kehrten zurück in die Heimat. Inzwischen hatten sich einige Europäer niedergelassen, allen voran die Vertreter der niederländischen Handelsorganisation VOC, die hier bis 1741 ein Kontor unterhielt. Nachdem 1644 die chinesische Ming-Dynastie gestürzt war, flohen viele ihrer Anhänger nach Süden und bevölkerten auch Faifo, das damals sein chinesisches Gesicht bekam. Mitte des 18. Jhs. begann dann mit der zunehmenden Versandung des Hafens der Abstieg der Stadt.

Die Gebäude, die Sie heute sehen, stammen überwiegend aus der zweiten Hälfte des 19. Jhs. Die Hauptstraße

Duong Tran Phu verläuft parallel zum Fluss. An ihr reihen sich die schönsten Häuser, Tempel und Versammlungshallen *(hoi quan)* der chinesischen Gemeinden auf, deren Aufbau immer dem gleichen Schema folgt: Durch einen Vorhof gelangt man zum mächtigen Torgebäude, in dem eine Geisterwand den direkten Blick auf den Altar versperrt. Dahinter folgt ein Innenhof, oft geschmückt mit Brunnen und Miniaturlandschaften, an dem Büros und Versammlungsräume liegen. Dann beginnt der Tempelbereich, oft mit einer Haupthalle und zwei oder mehr Nebenhallen. Sie bergen die Götterfiguren auf fein geschnitzten Altären. Dicke Säulen bestimmen das Bild. An den Dächern erkennt man die südchinesische Bauweise. Die Firste sind mit bunten Porzellanreliefs geradezu überladen.

Die gesamte Altstadt Hoi Ans steht unter dem Schutz der UNESCO. Zur Besichtigung löst man ein Ticket, das für mehrere Museen, Wohnhäuser und Tempel gilt, die einzeln nicht mehr zugänglich sind.

Der **Hoi Quan Trieu Chau** (1776) hat die schönsten Schnitzereien an Säulen und Altären: Vögel und Insekten verstecken sich in filigran gearbeitetem Rankwerk. 100 m weiter liegt der **Hoi Quan Hai Nan** aus dem Jahr 1892.

An der nächsten Straßenecke präsentiert das **Museum** im einstigen Quan-Am-Tempel die Geschichte von Hoi An.

Der **Mieu Quan Cong** auf der anderen Seite des Innenhofes ist einem General aus dem 3. Jh. gewidmet. Vor dem Tempel herrscht meist rege Geschäftigkeit, denn hier beginnt der **Markt,** der sich bis hinunter zum Fluss und noch ein wenig am Ufer entlang zieht. Neben Obst und Gemüse, Fleisch und Fisch gibt es hier wirklich alle Waren des täglichen Bedarfs.

Die Japanische Brücke verband früher das chinesische mit dem japanischen Geschäftsviertel

Wenn Sie weiter auf der Hauptstraße bleiben, stehen Sie bald vor dem großen **Hoi Quan Phuc Kien.** Der Tempel ist der Himmelskönigin Thien Hau geweiht, der Patronin der Fischer und Seefahrer (s. S. 59). Die Bewohner des Hauses Nr. 77 zeigen stolz ihr gut erhaltenes und mit reichen Schnitzereien verziertes Heim.

Fast am Ende der Hauptstraße fällt das hohe Torhaus des **Hoi Quan Quang Dong** ins Auge. Auffallend in der 1884 erbauten Anlage sind die Granitsäulen und -stürze, die jedoch ein traditionelles Holzdach tragen. Tempelheiliger ist wieder General Quan Cong.

In Sichtweite ist nun schon die ****Japanische Brücke** über einen Nebenarm des Flusses. Sie trennt das chinesische Viertel vom einstigen japanischen. An den Eingängen sitzen auf beiden Seiten steinerne Tierfiguren, die Rückschlüsse auf die ursprüngliche Entstehungszeit zulassen: Den Baubeginn ordnet man dem Jahr des Affen (1593) zu, die Fertigstellung dem Jahr des Hundes (1595). Heute ist der schlichte Aufbau 3 m breit und 18 m lang. Beiderseits des überdachten Fahrwegs breiteten einst Händler ihre Waren aus, die so vor Regen geschützt waren. Ein kleiner

3
Karte Seite 79

angebauter Tempel besänftigt den wilden Flussgeist.

Im Gebiet jenseits der Brücke ist weniger restauriert, gleichzeitig ist es von den touristischen Einwirkungen auch weniger betroffen. Nach 50 m gelangt man zu einem Bürgerhaus, genannt das **Alte Haus von Hung Phung,** in dem heute Seidenstickereien hergestellt und verkauft werden. Gehen Sie dann zurück über die Brücke und nach rechts hinunter zum Fluss. In dieser Ecke laden mehrere Cafés zu einer Pause ein.

3 Karte Seite 79

Das Hauses Nr. 101 der Duong Nguyen Thai Hoc heißt **Tan Ky** (Pfandhaus) und gehörte einst einer reichen Kaufmannsfamilie. Ganz typisch befindet sich im Vorderhaus der Laden, dahinter Lager und Arbeitsräume. Dann folgt ein Licht und Luft spendender Innenhof, an den sich die Wohn-/Schlafräume anschließen. Am Hinterausgang liegen Küche, Brunnen und Wirtschaftsräume. Die meisten Häuser waren einstöckig, nur die wohlhabenden Händler konnten sich auf Teilen des Hauses eine zweite Etage für Schlafräume leisten.

Hoi An Beach Resort, Cua Dai Rd., Tel. 0510/927011, www.hoiantourist.com. Neues, halbstaatliches Resort; schöne Zimmer, Pool. ❍❍❍
▮ **Victoria Hoi An Resort,** Hoi An Beach, Tel. 0510/927040, www.victoriahotels-asia.com. Hervorragend ausgestattetes Resorthotel, als einziges direkt am schneeweißen Sandstrand. ❍❍❍
▮ **Hoi An Riverside Resort,** Cua Dai, Tel. 0510/864800, www.hoianriverresort.com. Auf halbem Weg zwischen Stadt und Strand inmitten von Reisfeldern am Fluss gelegen. Einige Zimmer im japanischen Stil. Pool. ❍

Reste der Cham-Tempel in My Son

Brother's Café, 27 Phan Boi Chau, Tel. 0510/914150. Villa in lauschigem Garten am Fluss. Die ganze Vielfalt der vietnamesischen Küche, gute Weinauswahl. ❍❍❍
▮ **The Cargo Club,** 107 Nguyen Thai Hoc, Tel. 0510/910489. Im umgebauten Stadthaus mit Terrasse zum Fluss bietet die Kochkönigin Hoi Ans das Beste aus asiatischer und westlicher Küche; Patisserie im Haus. ❍❍
▮ **Vinh Hung,** 147B Tran Phu, Tel. 0510/862203. Das einfache Gartenrestaurant in der Nähe der Japanischen Brücke serviert die drei Spezialitäten von Hoi An: Hoanh Thanh (Weizenfladen mit Fleisch und Gemüse), Banh Vac (Reispapier mit Shrimps) und Cao Lau (Reisnudeln mit Schwein und Gemüse). ❍

Im **Handwerkerladen,** 41 Le Loi, werden Holzschnitzerei, Mattenflechten, Weben und Sticken erklärt; Souvenirs, auch Maßschneiderei.

*My Son ⑬

Das Tempeltal besaß für die Cham dieselbe Bedeutung wie Angkor für die Khmer, auch wenn es nie die Ausmaße und Pracht der Hauptstadt der westlichen Rivalen erreichte. Doch vom 4. bis 13. Jh. entstanden hier viele Tempel, zunächst aus Holz, ab dem 7. Jh. aus gebrannten Ziegeln. Dann begannen die Zerstörungen durch Viet und Khmer, die Franzosen und schließlich durch die amerikanischen Bombenteppiche. Der Archäologe Parmentier zählte Anfang des 20. Jhs. noch 70 gut erhaltene Bauten, heute sind nur noch 20 in ihren Grundmauern zu erkennen. 1980 begann die zunächst nicht fachgerechte Restaurierung.

Am besten erhalten sind zwei Tempelgruppen, die Parmentier mit B und C bezeichnete. Zu ihnen gehört noch die Gruppe D, da damals nicht erkannt wurde, dass die großen Bauten D 1 und D 2 jeweils das *mandapa* des *kalan* B 1 und *kalan* C 1 waren (s. S. 78), die hier allerdings außerhalb der Umfassungsmauer lagen. So gelangten die Priester ab dem späten 11. Jh. von dem *mandapa* D 1 durch das schön verzierte Tor B 2 in das *kalan* B 1 mit seinem Lingam. In den umliegenden kleineren Schreinen wurden hinduistische Götter verehrt, etwa die Shiva-Söhne Skanda, der Kriegsgott, und der elefantenköpfige Ganesh, der Gott der Weisheit. Die Gruppe C stammt weitgehend aus dem 10. Jh. In ihrem *kalan* wurde Shiva durch eine Statue repräsentiert. Die Gruppe A soll zu den schönsten Tempeltürmen gehört haben, wurde aber durch amerikanische Bomben fast völlig zerstört; auch die anderen Bauten liegen weitgehend in Trümmern.

Die Anreise nach My Son ist kein Problem mehr. Jeeps bringen Besucher vom Parkplatz zu einem Ausstellungspavillon, danach sind es noch einige hundert Meter zu Fuß. Das Terrain ist uneben, und man sollte die markierten Wege nicht verlassen.

Tour 4

Das Mekong-Delta

Saigon → My Tho → *Vinh Long → Can Tho → Rach Gia → *Ha Tien

Der Mekong ist der Lebensspender Indochinas. Über viele Kilometer erstrecken sich sattgrüne oder erntegelbe Reisfelder und seit der Liberalisierung der Wirtschaftspolitik auch wieder Obst- und Blumenplantagen. Eine Bootsfahrt auf dem gewaltigen Fluss lässt Sie eintauchen in die üppige tropische Vegetation und das Leben der Menschen am Flussufer. Der Weg bis hinunter zum Golf von Thailand und an die Grenze nach Kambodscha dauert hin und zurück etwa fünf Tage.

Viel ist nicht bekannt über das indisierte Reich Funan südlich des Mekong, das seine Blütezeit vom 1. bis 4. Jh. erlebte. Mächtig muss es gewesen sein, denn die Khmer, die vor allem nördlich des Flusses siedelten, waren seine Vasallen. Die Funde der Ausgrabungsstätte Oc Eo belegen, dass es seinen Reichtum durch Handel verdiente und Kontakte zu Arabern und Indern, Römern und Chinesen unterhielt. Oc Eo, in dem es nichts zu besichtigen gibt, liegt heute 15 km von der Küste des Golfs von Thailand entfernt, doch damals war es ein Hafen, von dem aus die Waren über Kanäle weiter ins Land und bis zum Mekong befördert wurden.

Im 7. Jh. scheint Funan untergegangen zu sein, denn die Khmer zogen nach Nordwesten und errichteten schließlich ihre eigene Hauptstadt Angkor, die den Unterlauf des Mekong über Jahrhunderte dominieren sollte.

4 Karte Seite 86

Das heutige Südvietnam war danach kaum noch besiedelt. Erst im 17. Jh. drängten verschiedene Volksgruppen in die Region, die sie bis heute prägen. Die Viet hatten sich immer weiter nach Süden ausgebreitet und errichteten erste Siedlungen; vor ihnen flohen die Cham, deren Reich weitgehend zerstört worden war. Dazu gesellten sich Flüchtlinge, die sich aus den dynastischen Kämpfen zwischen den vietnamesischen Sippen Nguyen und Trinh heraushalten wollten.

Nach dem Niedergang des Angkor-Reiches sahen sich die Khmer von den Siamesen bedrängt, hatten ihre Hauptstadt weiter südlich, nach Phnom Penh, verlegt und sich wieder mehr in die Region orientiert, die sie bis heute *Kampuchea Krom*, das »untere Kambodscha«, nennen. Aus den zahlreichen Kämpfen ging als Machthaber die Nguyen-Sippe siegreich hervor, ökonomisch spielten die Chinesen eine entscheidende Rolle.

Nachdem die Nguyen sich als Könige in Hue eingerichtet hatten, ließen sie den Süden durch einen Vizekönig verwalten. Der Widerstand gegen die französischen Kolonialherren war gering, sodass diese von hier aus Vietnam und Kambodscha unter ihre Kontrolle brachten. Auch wirtschaftlich, denn Ingenieure legten neue Kanäle an und schufen damit die Voraussetzung für die Plantagenwirtschaft und die Bändigung des Mekong.

4 Karte Seite 86

11 Bootstouren auf dem Mekong

In praktisch allen Städten des Mekong-Deltas kann man Boote für Ausflüge mieten. Die meisten besuchen Fisch- und Obstfarmen sowie die schwimmenden Märkte.

i **Tien Giang Tourist,** 63 Trung Trac, My Tho, Tel. 073/872105, ctdltg@hcm.vnn.vn.

▮ **Song Tien Tourist,** 11 Trung Trac, My Tho, Tel. 073/883133.

Von My Tho führt eine dreistündige Tour zu einer Fabrik für Kokosnuss-Bonbons, einem Imker, Obstgärten und einer Musikdarbietung (ca. 20 US$ pro Person).

Die Lebensader Asiens

Der mächtige Mekong entspringt im Hochland von Tibet. Gemächlich fließt er über rund 4500 km durch Südchina, Birma, Thailand, Laos und Kambodscha, wo er sich südlich von Phnom Penh teilt: in den Tien Giang, den »oberen Fluss«, und den Hau Giang, den »unteren Fluss«. In Vietnam spaltet er sich in insgesamt neun Arme auf – »neun Drachen«, Cuu Long, nennen ihn die Vietnamesen deswegen. Die extreme Südostspitze des Landes liegt nur etwa 2 bis 6 m über dem Meeresspiegel, ist weitgehend von Mangroven bedeckt und wird während der Regenzeit häufig überschwemmt und versalzt. Die fruchtbaren Gebiete mit bis zu drei Reisernten im Jahr liegen also weiter landeinwärts. Überschwemmungskatastrophen wie im Norden sind hier unbekannt: Der Mekong hat ein natürliches Abflussbecken, den Tonle-Sap-See in Kambodscha, der tiefer liegt. Bei Hochwasser fließt das Wasser einfach rückwärts in den See ab.

▮ **Can Tho Tourist,** 20 Hai Ba Trung, Can Tho, Tel. 071/821852.
Von Can Tho geht es zu den schwimmenden Märkten von Cai Rang, Phong Dien und Phung Hiep (20–40 US$ pro Boot).

▮ **Cuu Long Tourist,** Duong 1 Thanh 5, Vinh Long, Tel. 070/823616.
Boote aus Cai Be steuern unter anderem historische Häuser, eine Keramikwerkstatt, eine Obstfarm, eine Bonsaizucht und eine Reispapierfabrik an (ca. 5 Std., ca. 20 US$ pro Person).

▮ **Ben Da Nui Sam Tour,** Chau Doc, Tel. 076/861745, Fax 862151.
Von Chau Doc aus besucht man Fischfarmen und Cham-Dörfer (10–15 US$ pro Boot).

My Tho ⓮

Im 17. Jh. von chinesischen Händlern gegründet, entwickelte sich My Tho schnell zum kommerziellen Zentrum – kein Wunder, waren von hier aus doch sowohl Kambodscha als auch Saigon auf dem Wasserweg zu erreichen. 1883 bauten die Franzosen eine (heute stillgelegte) Eisenbahnstrecke nach Saigon, die Amerikaner unterhielten hier eine große Militärbasis.

Die Stadt (240 000 Einw.) liegt 70 km südlich von Saigon, zwischen dem linken Ufer des Tien Giang und dem Bao-Dinh-Kanal, an dem sich das lebhafte **Marktviertel** ausbreitet. Mitten in diesem Gewirr versammelt sich die chinesische Gemeinde aus Fujian in ihrem **Hoi Quan,** in dem der General Quan Cong aus dem 3. Jh. mit seinem roten Pferd verehrt wird. Der bekannte **Chua Vinh Trang** am Stadtrand war im Entstehungsjahr 1820 wohl noch ganz ansehnlich, ist aber jetzt zu einer bunten Kirmes mit einem tierquälerischen Zoo verkommen. Ein längerer Aufenthalt in der Stadt lohnt nicht.

Handel auf dem Wasser

*Vinh Long ⓯

Mit glutroten Sonnenuntergängen über dem Mekong und mit erlebnisreichen Bootsfahrten auf dem Fluss lockt die Stadt (60 000 Einw.; 130 km), die an der Stelle liegt, an der der Co Chien in den Tien Giang mündet. Nicht weit von der Einmündung macht sich der geschäftige **Markt** breit, und am Ufer liegen Hunderte von flachen Kähnen, mit denen sich Käufer wie Verkäufer über den Fluss rudern lassen. Von der Tien-Giang-Promenade verkehrt unregelmäßig eine Fähre auf die Flussinsel **An Binh,** auf der kleine Dörfer und endlose Obstfelder erwandert werden können. Wenn Ihnen dann ein stechender Geruch in die Nase steigt, nähern Sie sich einer Fabrik für die allseits beliebte Fischsauce *nuoc mam.*

Cuu Long, 1 Duong 1 Thang 5, Tel. 070/822494, Fax 823848, cuulongtouristco@hcm.vnn.vn. Zwei Häuser direkt am Co Chien und am Tien Giang, jeweils mit Restaurant. Der Standard im neuen Haus ist gut, die Atmosphäre freundlich. ❍❍

Can Tho ⓰

Mit 280 000 Einwohnern ist Can Tho die größte Stadt des Deltas, seit langem ein wichtiges Handelszentrum.

4 Karte Seite 86

Das ökonomische Herz schlägt wieder mit dem **Markt** am Fluss. Etwas abseits (36 Duong Hoa Binh) liegt der 1946 gegründete Khmer-Tempel **Chua Munirangsay.** Eine steile Treppe führt hoch zum Meditationsraum, den eine einfache Statue des Sakyamuni unter dem Bodhibaum schmückt. Seit einigen Jahren leben hier wieder Mönche.

Victoria Can Tho, 283 B, Tran Van Khoe Cai Khe, Tel. 071/810111, Fax 829259, www.victoriahotels-asia.com. Sehr schönes Resort in grüner Umgebung etwas außerhalb der Stadt, aber direkt am Mekong gelegen. Pendelverkehr mit Privatboot zur Fähre und in die Stadt. ○○○

4 Karte Seite 86

*Chau Doc ⑰

Ein Abstecher führt 55 km nördlich in die ansehnliche Kleinstadt Chau Doc, die kurz vor der Grenze zu Kambodscha liegt; hier leben viele Khmer und Cham. Ein gemütlicher Spaziergang durch das Zentrum führt an kleinen Läden und einigen einfachen Tempeln vorbei.

Ausflugs- und Pilgerziel am 22. bis 26. Tag des 4. Mondmonats ist jedoch der 3 km außerhalb gelegene, 230 m hohe ***Sam-Berg** *(Nui Sam),* an dessen Abhängen mehrere Tempel zu entdecken sind. Den **Chua Tay An** zieren einige bunte Gipsfiguren, die hinduistische Einflüsse erkennen lassen; in der Haupthalle sind die fein geschnitzten Buddhafiguren sowie die vielarmige Quan Am beachtenswert. Im neueren **Mieu Xu Thanh** gedenkt man der sagenumwobenen Dame Xu, während schräg gegenüber das Grab eines bedeutenden Beamten der Nguyen-Dynastie liegt. Der schönste Tempel ist der **Chua Hang** auf der Südwestseite des Berges. Die Schneiderin Le Thai Tho soll sich als Eremitin hierhin in eine Höhle zurückgezogen haben, in der sie zwei Schlangen bekehrte. Mehrere Tempelbauten und Beerdigungsstupas ziehen sich den Hang hinauf.

Victoria Chau Doc, 32 Le Loi, Tel. 076/865010, Fax 865020, www.victoriahotels-asia.com. Das im Kolonialstil erbaute Haus direkt am Fluss ist die wohl schönste Unterkunft im Ort. Internationales und vietnamesisches Restaurant und mehrere Bars. Boots-, Fahrrad- und Mopedverleih. Zur An- und Weiterreise per Victoria Sprite Boat siehe links. ○○○–○○

Rach Gia ⑱

Vor Long Xuyen biegt die Straße ab, die etwa 50 km parallel zum Thoai-Ha-Kanal an den Golf von Thailand führt. Dort liegt zwischen zwei Armen des kanalisierten Flusses Cai Lon Rach Gia (135 000 Einw.), ein Zentrum des Fischfangs und der Zucht von Garnelen und anderen Meerestieren, die am **Hafen** (Duong Bach Dang) zum Export auf Schiffe oder Lastwagen verladen werden.

Wenn Sie vom Markt der Duong Tu Duc über den nördlichen Kanal folgen und dann links abbiegen, gelangen Sie zum **Den Nguyen Trung Truc,** in dem des gleichnamigen Kämpfers im Widerstand gegen die Franzosen gedacht wird. Truc gehörte 1861 zu den Angreifern auf das vor Vung Tau liegende Kriegsschiff »Espérance« und wurde dafür 1868 in Rach Gia hingerichtet.

Durch schmale Straßen zwischen Gärten mit kleinen Häusern gelangen Sie zum großen **Chua Phat Lon,** einem schlichten Khmer-Tempel mit einer großen Buddhastatue.

Palace, 243 Tran Phu, Tel. 077/863049, Fax 867423. Das neue Hotel ist jetzt wohl das beste in Rach Gia, jedoch wie die Stadt sehr laut und nicht gerade sehr ansprechend. ❍

4 Karte Seite 86

Frauen mit ihren charakteristischen Reisstrohhüten

4
Karte Seite 86

*Ha Tien ⑲

Nur 6 km vor der geschlossenen Grenze zu Kambodscha liegt das nette Städtchen Ha Tien (15 000 Einw.), kurz vor der Mündung des Flusses To Chau in den Golf von Thailand. Die Region, die lange zum Khmer-Reich gehörte, war in den 1970er Jahren immer wieder Ziel grausamer Überfälle der Roten Khmer. Sie wollten sich das Land zurückholen, das 1708 der Chinese Mac Cuu Vietnam angliederte, als er sich als Gouverneur unter den Schutz der im Süden herrschenden Familie Nguyen stellte. 90 Jahre später übernahmen diese die Macht direkt.

Entlang des Flussufers zieht sich ein kleiner **Markt** und einige Straßencafés haben ihre Stühle und Tische aufgestellt. Drei, vier Straßen breit ist der historische Ortskern mit alten Häusern, an denen die Fassaden meist schon bröckeln. Dahinter dann sind kleine Häuschen in gepflegte Gärten eingebettet. In der Pho Phuong Thanh am Ortsrand liegen mit dem **Chua Tam Bao** (Nr. 328) und dem **Chua Phu Dung** (hinter Nr. 374) zwei kleine Tempel.

3 km außerhalb der Stadt ziehen sich die **Gräber der Familie Mac** an einem Hang empor. König Gia Long stiftete sie 1809 aus Dankbarkeit für die Treue der Familie und ließ sie im traditionellen chinesischen Stil errichten. Seit einiger Zeit werden sie wieder (ein wenig zu grell) angestrichen.

Weitere 3 km stadtauswärts erreichen Sie **Chua Thanh Van,** mehrere Höhlentempel mit schön geschnitzten Statuen. Am Fuß des Hügels erinnert eine Tafel an ein Massaker der Roten Khmer vom 14. 3. 1978, bei dem 130 Bewohner ums Leben kamen.

In der Umgebung von Ha Tien gibt es einige vollkommen unberührte weiße Sandstrände, allerdings ohne jede touristische Einrichtungen.

Sao Mai, 5 Tran Cong An, Tel. 077/852740. Einfaches Hotel am Fluss, einige Zimmer haben aber immerhin Klimaanlagen. ❍

Kim Du Hotel, 14 Phuong Thanh, Tel. 077/851929, Fax 852119. Funktionales Stadthotel mit kleinen, aber sauberen Zimmern. ❍

Tour 5

Hochland, Strand und Cham-Türme

Saigon → *Da Lat → **Nha Trang → Phan Rang → Saigon

Die Hochebene von Da Lat ist bei Vietnamesen romantisches Ziel für Flitterwochen. Anfang des 20. Jhs. entflohen französische Kolonialherren und reiche Einheimische der sommerlichen Hitze Saigons und bauten hier ihre Villen in den Wald. Die meisten gehören heute staatseigenen Firmen, doch einige kann man für erholsame Tage des Spazierengehens mieten. Strandfreuden erwarten Sie dann nach einer Fahrt mit schönen Ausblicken in der reizvollen Küstenstadt Nha Trang. Unterwegs treffen Sie auf einige der repräsentativsten Ziegeltürme der Cham. Für die Rundreise sollten Sie mindestens fünf Tage einplanen.

Nach Da Lat

Hinter Bien Hoa biegt von der Nationalstraße 1 die Nationalstraße 20 ab, die das südliche Hochland erschließt und nach Da Lat führt. Die Plantagenwirtschaft der Kolonialzeit wird jetzt unter staatlicher Regie weitergeführt, sodass Sie zunächst kilometerlang an Kautschukbäumen, Ananas- und Bananenfeldern vorbeifahren; in den höheren Regionen bestimmen dann Tee-, Kaffee- und Tabakplantagen das Bild. Bekannt ist das Land auch für seinen grünen Pfeffer, den die Vietnamesen an 2 m hohen Ziegelkaminen emporranken lassen.

Etwa am Kilometerstein 140 von Saigon beginnt eine unbefestigte Straße zum **Nationalpark Cat Tien ⑳**, , dessen Besuch man aufgrund eines Quotensystems vorab reservieren muss (Tel. 076/791228). Im Naturschutzgebiet leben noch Nashörner und andere große Säuger. Der Park ist außerdem Lebensraum für rund 200 Vogelarten, unzählige Insekten, Reptilien, Wildschweine und Hunde im originären Dschungel.

In **Bao Loc ㉑** haben Sie auf 850 m Höhe ein Zentrum der Teeproduktion erreicht. Am Wochenende findet ein bunter Markt statt. Ebenfalls samstags und sonntags treffen sich die Bergbewohner zu ihrem Markt in **Di Linh ㉒**, das inmitten von Maulbeerplantagen liegt. Die Blätter des Maulbeerbaums sind die Lieblingsspeise der Seidenraupen, aus deren Kokons die Fäden der so kleidsamen Stoffe gewonnen werden.

Auf dem Weg nach Da Lat können Sie, teils von der Straße, teils nach Abstechern, mehrere Wasserfälle besuchen. Einen richtigen Picknickpark gibt es an den **Prenn-Fällen**, 12 km vor Da Lat, wo ein Fluss auf 30 m Breite 15 m in die Tiefe stürzt. Auf einem befestigten Weg kann man hinter dem Wasser hergehen.

*Da Lat ㉓

Die »Stadt des ewigen Frühlings« wurde von der französischen Kolonialverwaltung gezielt als Genesungs- und Erholungsort ausgebaut: Die klimatischen Bedingungen auf 1475 m Höhe ähneln denen in Europa. Dr. Alexandre Yersin, ein in der Schweiz geborener Wissenschaftler, bereiste 1893 im Auftrag der französischen Regierung das Hochplateau, um es

5 Karte Seite 86

Im Hochland von Vietnam gedeiht vorzüglicher Tee

5
Karte Seite 86

auf seine Eignung als Erholungsort zu erkunden. 1897 baute man das erste Forschungsinstitut, ab 1899 die Stadt. Anfang des 20. Jhs. trieb man den Bau der Eisenbahn von der Küste bis an den Fuß des Plateaus voran, eine Zahnradbahn nach Da Lat folgte 1933 und 1938 wurde der architektonisch gelungene Bahnhof eingeweiht. Die Straße von Phan Rang war 1914 fertig. 1907 eröffnete das erste Hotel. Dann begann der Bau der Villen. Schulen wurden errichtet und eine Kathedrale, Da Lat geriet einer europäischen Stadt immer ähnlicher. Auch die neuen Machthaber im Süden schätzten den Ort, Präsident Diem konfiszierte die Villen für seine Familie und die Militärs, später auch für seine amerikanischen Freunde, die dafür 1961 eine nicht besonders schöne Betonmarkthalle spendierten.

Erst seit 1992 ist der Zugang zum Bergland auch für Ausländer unproblematisch und die touristische Entwicklung Da Lats hat wieder oberste Priorität gewonnen. Hotels und Villen werden renoviert, der Golfplatz ist wieder eröffnet. Inzwischen leben 120 000 Menschen in Da Lat und Umgebung und die Bergvölker geraten schon zur touristischen Sehenswürdigkeit. Dabei lebten sie vor 100 Jahren noch ganz alleine hier, wie der Name es schon besagt, denn *da lat* bedeutet »Fluss der Lat«.

Unterwegs in der Stadt

An bedeutsamen Sehenswürdigkeiten hat Da Lat nicht viel zu bieten, aber bei Spaziergängen oder Kutschfahrten kommt man an einigen markanten Punkten des weitläufigen Ortes vorbei. Das Zentrum liegt rund um den **Markt,** in dem es Obst aus der Umgebung gibt, und den über eine Freitreppe erreichbaren Hoa-Binh-Platz.

Über die Duong Le Dai Hanh gelangen Sie zum kleinen Staudamm für den **Xuan-Huong-See,** der nach einer Dichterin aus dem 19. Jh. benannt ist. Südlich des Sees liegen am Hang die Kolonialhotels Dalat Palace und Novotel, überragt von der **Kathedrale** (1942). Vorbei am ehemaligen Petit Lycée Yersin, heute Kulturinstitut, und dem Pasteur-Institut für Naturwissenschaften, gelangen Sie zur **Sommerresidenz von Bao Dai,** des letzten vietnamesischen Königs, die 1933 entstand. Das Mobiliar blieb unverändert und man könnte glauben, der Monarch sei in den 1950er Jahren nur zum Urlaub an die Côte d'Azur gereist. (Öffnungszeiten: tgl. 7–11, 13.30 bis 16 Uhr, nicht zuverlässig.)

Fährt man vom Südufer des Sees nach Westen, so gelangt man über die Duong Tran Hung Dao zur **ehemaligen Residenz des Generalgouverneurs** (1933). Art Nouveau und Art-Déco prägen in Architektur und Dekoration die heute als Hotel genutzte Villa in einem großen Rosengarten. Weiter südlich entstanden ab den 1940er Jahren, als immer mehr Vietnamesen hier siedelten, mehrere buddhistische Tempel.

In der Umgebung Da Lats stehen Spaziergänge im Vordergrund, man kann einige Dörfer von Bergvölkern besuchen. Nördlich des Sees breitet sich der Golfplatz aus. Nicht weit östlich davon liegt ein **Blumengarten** mit bezeichneten Bäumen, Sträuchern und Blumen sowie mehreren Orchideenhäusern.

Von Leiden und Liebe

Da Lat ist ein bevorzugtes Ziel für Flitterwochen. Und die frisch Getrauten finden einige romantische Ziele in der Umgebung: Etwa 6 km nordöstlich von Dalat weckt der **Seufzersee** Erinnerungen an ein unglückliches Mädchen, das sich hier aus Liebeskummer ertränkt haben soll. 6 km nördlich der Stadt zieht das **Tal der Liebe** die jungen Paare an. Sie steigen den Hügel hinauf, vorbei an ungezählten Erfrischungs- und Andenkenbuden, um von oben einen Blick auf den kaffeebraunen See im Tal zu genießen und ein Foto zu machen.

Am See kann man Boote mieten, aber wer sich die Zeit nimmt, ein Stück am Ufer entlang zu wandern, hat den ganzen Rummel bald hinter sich gelassen.

Dalattourist, 1 Nguyen Thi Minh Khai, Tel. 063/822520, Fax 834144, www.dalattourist.com.vn. Rege Touristenorganisation, man kann hier Ausflüge und Villen buchen.

Novotel, 7 Tran Phu, Tel. 063/825777, Fax 825888, www.accorhotels.com/asia. Das nach dem Da Lat Palace zweite Traditionshotel war das Du Parc, das nun moderne Einrichtung und kolonialen Charme verbindet. ❍❍❍

▮ **Sofitel Da Lat Palace,** 12 Tran Phu, Tel. 063/825444, Fax 825666, www.sofitel.com. 1922 eröffnetes Kolonialhotel mit schönem Blick, das nach ausgiebiger Renovierung in neuem Glanz erstrahlt. ❍❍❍

▮ **Golf 3,** 4 Nguyen Thi Minh Khai, Tel. 063/826042, Fax 830396, golf3hot@hcm.vnn.vn. Angenehmes neues Mittelklassehotel in der Nähe des Marktes. ❍❍

▮ **Crazy House (Hang Nga Villa),** 3 Huynh Thuc Khang, Tel. 063/822070, Fax 831480. Eine Unterkunft, die nicht jedermanns Sache, aber originell ist: In zwei Baumhäusern aus Beton erreicht man über verschlungene Wege die einfachen Zimmer, einige Betten stecken in Höhlen. ❍

▮ **Villen** über Dalattourist.

Huong Tra, 1 Nguyen Thai Hoc, Tel. 063/826012. Mit Blick auf den See erhält man hier alle Gerichte, ob Suppe, Reis, Fisch oder Fleisch, in dekorativen Tontöpfen. ❍

5 Karte Seite 86

▌**Nam Son,** 54 Khu Hoa Binh, Tel. 063/821147. Einfaches privates Lokal oberhalb des Marktes, große Auswahl und schmackhafte Speisen. ❍

▌**Thuy Ta,** 1 Yersin Str., Tel. 063/822288. Durchschnittliches Essen, aber herrlicher Blick, denn das Gebäude steht auf Stelzen im Xuan-Huong-See. ❍

★ Für Golfspieler: **Dalat Palace Golf Club,** Tel. 063/821202, (in Saigon: Tel. 08/8243640), www.vietnamgolfresorts.com.

Reste des ehemaligen Cham-Heiligtums Po Klong Garai aus dem 13. oder 14. Jh.

Richtung Küste

5 Karte Seite 86

Entlang der von französischen Ingenieuren abgesteckten Route geht es nun hinunter zur Küste. Auf dem 980 m hohen **Pass Ngoan Muc** haben Sie einen herrlichen Blick über die umliegende Berglandschaft bis auf das Meer. Auch hier liegen beiderseits der Straße weite Plantagen und einzelne Pfahlbaudörfer von Bergvölkern, vor allem der Ede (s. S. 17), bei denen die Familie in interessanten Langhäusern zusammen wohnt.

*Po Klong Garai ㉔

Kurz bevor die Straße in Phan Rang die parallel zur Küste verlaufende Nationalstraße 1 erreicht, ragen linker Hand auf einem Hügel die Ziegelbauten des Cham-Heiligtums Po Klong Garai auf.

Die Entstehungszeit ist unklar, doch gehört das Ensemble zur späten Phase der Cham-Bauten (s. S. 78) aus dem 13. oder 14. Jh. Der ganze Hügel war einst von einer Mauer umgeben; der Zugang befand sich im Osten, wo die Sonne aufgeht. Über eine breite Treppe rechts vom jetzigen Aufgang stiegen die Priester hoch zum Torturm, der direkt in das **Mandapa,** die offene Halle zur Vorbereitung der Zeremonien, führte.

Auf einem kurzen gepflasterten Gang erreichten sie das **Kalan,** das eigentliche Turmheiligtum. Der Turm hat hier ein deutliches Vestibül, über dessen Eingang ein Steinrelief den tanzenden Gott Shiva mit sechs Armen zeigt. Hinter der Holztür blickte eine Statue des Stiergottes Nandi in den dunklen und engen quadratischen Innenraum. Dort ist Shiva durch einen Mukha-Lingam verkörpert: Der Phallusstein hat ein eingeschnitztes Gesicht, das den Zügen eines Cham-Königs nachgebildet ist, der sich so mit dem Gott identifizierte.

Außen gliedern rechteckige Halbpfeiler die Wände des Turms, jede Seite besitzt einen Scheineingang, in dessen Nische Reliefs von meditierenden Göttern sitzen. Das dreistufige Dach ist stark durch aufgesetzte Ecktürme und weitere Nischen gegliedert. Auf der Südseite steht die gut erhaltene **Bibliothek,** zwei Räume mit großen Fenstern zur Aufbewahrung von Opfergaben und Zeremonialgegenständen. Sie trägt ein typisches gewölbtes Dach mit weit aufragenden Ecken.

**Nha Trang ㉕

Die weitläufige Hafenstadt liegt zwischen zwei 700–900 m hohen Gebirgszügen und dem Südchinesischen Meer. Ein 5 km langer Sandstrand entlang einer Uferstraße bietet genügend Platz zur Entspannung; ein richtiges Strandleben mit Cafés und Liegestühlen entfaltet sich gerade an einigen Stellen. Auch Boots-, Schnorchel- und Tauchausflüge werden angeboten (s. auch S. 8 f.).

Bis Anfang des 20. Jhs. breiteten sich im Gebiet der heute 450 000 Einwohner zählenden Stadt nur einige Dörfer aus, und als Alexandre Yersin (s. S. 89) sich 1893 hier niederließ, schätzte er gerade die Abgeschiedenheit der Gegend. Die Städter leben heute von Landwirtschaft und Fischfang, der in den tiefen und strömungsreichen Gewässern vor der Küste noch recht ertragreich ist. Auf flachen Feldern am Meer wird Salz gewonnen und einige Industriebetriebe produzieren Textilien, Schuhe und Zement.

Am Meer entlang

5 km südlich der Stadt liegt auf einer Halbinsel mit einem kleinen Hafen das 1923 gegründete **Ozeanographische Institut.** Wegen des Fisch- und Korallenreichtums vor der Küste siedelte man hier eine Forschungsstation an, die heute Tausende von lebenden oder präparierten Meeresbewohnern im Aquarium und in Schaukästen ausstellt. (Öffnungszeiten: tgl. 7–17 Uhr.)

Etwa 200 m weiter führt eine Straße hinunter zu den **Cau-Da-Villen,** in den 1920er Jahren für das Königshaus errichtet, heute eine abgelegene und ruhige Hotelanlage mit großen Zimmern inmitten des weitläufigen Gartens. Vom nicht so beeindruckenden Hotelstrand aus kann man Boote für Ausflüge zu vorgelagerten Inseln chartern.

Am weitesten ist es bis **Hon Yen,** der Schwalbeninsel, wo mutige junge Männer in die Felsen klettern und die Schwalbennester ernten, wenn die Jungen ausgeflogen sind. Die vor allem aus Speichel bestehenden harten Gebilde gelten in einigen asiatischen Ländern als Delikatesse. Wesentlich näher liegt **Hon Tre,** die

Schwimmende Körbe

Runde Körbe von etwa 2 m Durchmesser sind die Nahverkehrsmittel im Hafen – geflochten aus dünnen Zweigen und mit Pech versiegelt. In diesen wackligen Gefährten stehen oder hocken die Passagiere, während der Kapitän gleichzeitig Motor und Steuerrad bedient: ein Stechpaddel. Die Fischer lernen schon von Kindesbeinen an, mit den Körben umzugehen, doch auch die größte Geschicklichkeit wird wohl ein gelegentliches Bad nicht verhindern können.

5 Karte Seite 86

Einladender Strand in Nha Trang

Hafenidylle

Bambusinsel, mit schönen Stränden. Auf der direkt vor der Küste gelegenen **Hon Mieu** werden Fische und Krustentiere gezüchtet. Ein großes Aquarium, das von außen aussieht wie ein altes Schiff, zeigt die Fischspezies der Region. In der Nähe kann man sich an einem Kieselstrand mit Sonnenschirmen, Liegen und Café entspannen oder Tret- und Ruderboote mieten.

5 Karte Seite 86

Ausflüge zu den Tauchgründen bei Hon Mun und Kurse aller Stufen veranstalten die **Rainbow Divers,** The Sailing Club, Duong Tran Phu, Tel. 058/829946, www.divevietnam.com.

Kurz vor dem Ende der Uferstraße kann man im **Pasteur-Institut** eine umfangreiche Ausstellung über das Leben Yersins (s. S. 89) besichtigen, die viele seiner Forschungsgeräte und -ergebnisse zeigt. (Mo–Sa 14–17 Uhr.)

In die Stadt

Wenn Sie dann stadteinwärts abbiegen, kommen Sie in die lebhafte Marktgegend. Das Zentrum bildet die Markthalle **Cho Dam,** wörtlich »Markt im Sumpf«, denn die morastige Gegend wurde erst in den 1960er Jahren trocken gelegt.

Der bekannteste Fotograf Vietnams verkauft in seinem Atelier seine stimmungsvollen Portraits und schwarzweißen Schnappschüsse: **Long Thanh,** 126 Hoang Van Thu, Tel. 058/824875.

1 km westlich des Marktes, an der Duong 23 Thang 10, der Ausfallstraße zur N1, überblickt eine riesige weiß getünchte Buddhafigur den größten Teil der Stadt. Sie ist die neueste Errungenschaft (1963) des um 1890 gegründeten **Chua Long Son,** der allerdings in den 1940er Jahren neu entstand, als sich die wachsende Stadt langsam dem vorher einsamen Hügel näherte. In dieser Zeit erhielt sie auch einen 1,6 m hohen Bronze-Sakyamuni.

Zu Füßen des großen weißen Buddha haben Sie eine schöne Aussicht über Stadt und Meer.

Wenn Sie vom Markt nach Norden fahren, kommen Sie zum **Hafen.** Zahlreiche Fischerboote und größere Küstenschiffe liegen in der natürlichen Flussmündung des Cai zwischen mehreren Inseln. Wenn Sie zu Fuß über die zweite Brücke gehen, können Sie die

Fischer in ihren wackligen Körben (s. S. 93) von Boot zu Boot rudern sehen.

**Cham-Heiligtum Po Nagar

Gleich hinter der zweiten Brücke ragt auf der linken Seite das Heiligtum der Cham auf. Schon im 2. Jh. soll auf diesem Hügel ein Tempel gestanden haben, die Cham bauten dann einen neuen aus Holz, der 774 von javanischen Kriegern zerstört wurde. Danach entstanden die ersten Ziegelbauten, die z. T. wieder abgerissen und zu größeren Bauwerken verarbeitet wurden. Die heute erhaltenen Türme stammen aus dem 9. bis 13. Jh.

Auf Straßenniveau wurde das sehr große **Mandapa** (s. S. 78) restauriert, das 24 achteckige Säulen und ein bootförmiges Dach besaß. Dahinter führt die erneuerte Treppe den Hügel hinan zu dem als Nordturm bezeichneten **Haupttempel,** der mit 22,8 m sehr hoch ist und in seiner heutigen Form aus dem 11. Jh. stammt. Ausgeprägte Doppelpilaster und Arkaden schmücken den Turm, kleine Türme und Figuren von kosmischen Tänzerinnen das dreistöckige Dach. In die Säulen des Vestibüls wurden zwischen dem 11. und 13. Jh. Berichte über Opferfeiern eingraviert, über dem Eingang zeigt ein Relief die auf dem Wasserbüffel-Dämon Mahisha stehende Durga, umgeben von Musikern.

Im **Innern** blieben die beiden einzigen Holztüren von Cham-Heiligtümern erhalten. Sie geben den Blick frei auf die Figur der Muttergöttin der Cham, Po Yang Ino Nagar, dargestellt als vielarmige indische Göttin. Dreimal im Jahr – am 20. Tag des 3. Mondmonats, am 12. Tag des 7. Mondmonats und am 20. Tag des 12. Mondmonats (kurz vor Tet) – werden ihre prachtvollen Gewänder in einer großen Zeremonie gewechselt.

Die Türme von Po Nagar

Die anderen vier erhaltenen **Türme,** von urspünglich zehn, waren weniger wichtigen Göttern geweiht und fallen deshalb auch architektonisch ab. Der niedrige Nordwestturm (10. Jh.), mit Tiergöttern geschmückt, ist dem Gott der Weisheit, dem elefantenköpfigen Ganesh, geweiht und trägt ein gewölbtes Dach, das man sonst auf Bibliotheken findet. Der mittlere Turm entstand im 12. Jh. aus den Ziegeln verfallener Heiligtümer, ahmt zwar den Nordturm nach, hat aber nur ein einstufiges Dach.

Die Legende vom Riesen

500 m stadtauswärts von Po Nagar führt eine Straße zum **Hon-Chong-Felsen** am nördlichen Strand. Auf dem Felsen können Sie einen ca. 1 m großen Handabdruck erkennen. Der Legende zufolge schaute eines Tages ein im Himmel lebender Riese einer Fee zu, die am Strand nackt badete. Zur Strafe fiel er aus allen Wolken, doch die beiden verliebten sich ineinander. Die Götter aber verbannten den Riesen. Lange wartete die Fee auf seine Rückkehr, schließlich legte sie sich nieder und erstarrte zu Stein, dem Feenberg. Nach Jahrmillionen kehrte der Riese zurück und erkannte die Fee

5 Karte Seite 86

im Berg. Da verneigte er sich vor ihr, hinterließ dabei den Handabdruck und wurde ebenfalls zu Stein.

i **Khanh Hoa Tourism,** 1 Tran Hung Dao, Tel. 058/822753, Fax 824206.

Flughafen: Der Flughafen Nha Trangs dient nur noch militärischen Zwecken. Zivilmaschinen landen 35 km südlich in Cam Ranh. Jeweils 2 Stunden vor Abflug einer Maschine fährt ein Bus vom Eingang des Flughafens in Nha Trang nach Cam Ranh, Preis 2 US$; bitte auf neue Entwicklungen achten.

Literaturtipps

Eine der bekanntesten Schriftstellerinnen Vietnams ist die 1947 geborene **Duong Thu Huong.** Ihre Romane sind ein kritischer Zustandsbericht der vietnamesischen Gesellschaft. Ins Deutsche wurden bisher übersetzt: »Bitterer Reis« (München 1991), »Liebesgedichte, vor der Morgendämmerung erzählt« (München 1992) und »Roman ohne Namen« (Zürich 1997).

Marguerite Duras, die 1914 in Vietnam geborene Schriftstellerin, verarbeitete in ihren Romanen immer wieder ihre Kindheit in der Kolonie. »Heiße Küste« (Frankfurt 1988) schildert das Schicksal einer französischen Witwe und ihrer Kinder, die nicht zu den Gewinnern des Kolonialleben gehörten. Durch seine Verfilmung wurde der Roman »Der Liebhaber« (München 2004) weltweit bekannt.

5 Karte Seite 86

Ana Mandara, 86 Tran Phu Blvd., Tel. 058/829829, www.sixsenses.com. Edles Resorthotel mit Bungalows in einem Garten direkt am Strand. ❍❍❍

▮ **Sunrise Beach Hotel,** 12-14 Tran Phu, Tel. 058/820999, Fax 822866, www.sunrisenhatrang.com.vn. Protzig mondänes Fünfsternehotel mit allen Annehmlichkeiten. Guter Spa. ❍❍❍

▮ **Sofitel Vinpearl Resort,** 7 Tran Phu, Tel. 058/598188, Fax 598199, www.sofitel.com. Riesige Resortanlage auf der Insel Hon Tre mit schönem Strand. Pool. ❍❍❍

▮ **Yasaka Saigon Nhatrang,** 18 Tran Phu, Tel. 058/820090, Fax 820000, www.yasanhatrang.com. Groß, modern und mit Meerblick. ❍❍

▮ **Oarfume Grasse Inn,** 4 A Biet Thu, Tel. 058/ 524286, www.perfume-grass.com. Nettes Minihotel mit schlichten, aber sauberen Zimmern. Gutes Essen. ❍

Seafoods, 46 Nguyen Thi Minh Khai, Tel. 058/822664. Große Auswahl an Fisch, geschmackvoll dekoriert. ❍❍

▮ **Ngoc Suong Seafood Restaurant,** 96a Tran Phu, Tel. 827030. In einem Pavillon wird frischestes Seafood serviert. ❍

Die Küstenstraße

Rund 460 km sind es zurück nach Ho-Chi-Minh-Stadt. Da die Nationalstraße gut ausgebaut ist, können Sie es in fünf Stunden schaffen. Hinter Phan Rang kommen Sie durch einige Cham-Dörfer und entlang der Küste können Sie die Salzgewinnung beobachten. Wenn Sie es nicht eilig haben, lohnen Stopps bei den Cham-Türmen **Po Rome** ㉖ (Abzweig in Hau Sanh) und **Phu Hai** ㉗.

12 **Phan Thiet
Bald darauf ist der Ort Phan Thiet erreicht. Sein 10 km langer, makelloser Strand gehört zu den besten des Landes. Im Norden schließt er mit den großen **Sanddünen vom Mui Ne** ab, zu denen man zum Sonnenuntergang einmal wandern oder fahren sollte. Phan Thiet ist inzwischen touristisch gut erschlossen.

Am Strand von Mui Ne herrschen an 220 Tagen im Jahr Winde von mehr als 12 Knoten, also beste Surfbedingungen. Bretter, Kites und wichtige Ratschläge über Wind und Strömung bei **Jibe's Beach Club,** 90 Nguyen Dinh Chieu, Tel. 062/847 405, www.windsurf-vietnam.com.

Novotel Ocean Dunes, 1 Thon Duc Thang, Tel. 062/822393, www.accorhotels.com/asia. Das größte Hotel der Region, im Grünen direkt am Strand. Verschiedene Sportmöglichkeiten, u. a. Golf. ○○○
- **Coco Beach Resort,** km 12,5, Ham Tien, Tel. 062/847111, www.cocobeach.net. 18 klimatisierte Bungalows, großer Pool, ausländisches Management und ein gutes Restaurant versprechen während der Woche Erholung; am Wochenende allerdings ist das Resort oft ausgebucht. ○○
- **Mui Ne Sailing Club,** 24 Nguyen Dinh Chieu, Tel. 062/847 440, www.sailingclubvietnam.com. Sehr angenehmes Resort mit Bar und Restaurant am Strand, Wassersport und Pool. Unter effektivem australischem Management. ○○

Südlich von Phan Thiet wendet sich die Straße weg vom Meer und führt durch große Kautschukplantagen. Bald wird der Verkehr stärker, denn die Millionenmetropole des Südens streckt ihre gierigen Arme aus.

Infos von A–Z

Ausrüstung und Gepäck

Neben Baumwollkleidung, festen Schuhen und, je nach Reisezeit, einem Regenschutz sollten Sie einpacken: Mückenschutzmittel, Sonnenschutz (Hut, Brille, Creme), Plastiksandalen, Handtücher (wenn Sie in entlegene Gegenden fahren), Taschenlampe und Taschenmesser, genügend Filme und Ersatzbatterien für Ihre Kamera.

Zusätzliche Passfotos und Kopien Ihrer Reisedokumente sind manchmal erforderlich.

Diplomatische Vertretungen

Botschaften der SR Vietnam

- Elsenstr. 3, 12435 Berlin, Tel. 0 30/53 63 01 08, www.vietnambotschaft.org. Außenstelle: Konstantinstr. 37, 53179 Bonn, Tel. 02 28/35 70 21.
- Felix-Mottl-Str. 20, 1190 Wien, Tel. 01/3 68 07 55, Fax 3 68 07 54.
- Schlösslistr. 26, 3008 Bern, Tel. 0 31/3 88 78 78, Fax 3 88 78 79, www.vietnam-embassy.ch

Europäische Vertretungen in Vietnam

- **Deutsche Botschaft,** 29 Tran Phu, Hanoi, Tel. 04/8453836, Fax 8453838, www.hanoi.diplo.de. Deutsches Generalkonsulat, 126 Nguyen Dinh Chieu, Q3, Ho-Chi-Minh-Stadt, Tel. 08/8291967, Fax 8231919.
- **Österreichische Botschaft,** Prime Center, 53 Quang Trung, Hanoi, Tel. 04/9433050, Fax 9433055.
- **Schweizer Botschaft,** Hanoi Central Building Office, 44b Ly Thuong Kiet, Hanoi, Tel. 04/9346589, Fax 9346591. Schweizer Generalkonsulat, The Nam An Building, 124 Dien Bien Phu, Dist. 1, Ho-Chi-Minh-Stadt, Tel. 08/8205402, Fax 820 48 56.

Einkaufen

Schöne Souvenirs sind Masken und Wasserpuppen, die Sie v. a. in Hanoi bekommen. Seide gibt es besonders schön in Hoi An. In Hanoi und Ho-Chi-Minh-Stadt arbeiten Schneider preisgünstig . Nicht vergessen: Immer und überall ist Handeln oberstes Gebot.

Ein- und Ausreise

Die Einreise ist nur mit gültigem Visum möglich. Fordern Sie vier Wochen vor Abreise (mit frankiertem Rückumschlag) bei der nächstgelegenen diplomatischen Vertretung Antragsformulare und Merkblatt an. Das Visum ist sehr teuer, und wer nichts in Vietnam vorgebucht hat, zahlt erheblich mehr. Es gilt für alle internationalen Grenzübergänge und Flughäfen.

Im Flugzeug füllen Sie die verteilten Einreiseformulare aus. Dort tragen Sie auch Ihre Kameras und Computer ein. Gepäckstücke werden bei Einreise durchleuchtet.

Elektrizität

In den Städten beträgt die Netzspannung meist 220 V, in manchen Gebieten aber 110 V. Die Steckdosenvarianten sind vielfältig, sodass Sie einen Universaladapter mitbringen sollten. Es gibt bisweilen Netzschwankungen.

Feiertage

Staatl. Feiertage: 1. Januar; 3. Februar (Gründung der KP, 1930); *tet* (vietnamesisches Neujahr nach dem Mondkalender, zwischen Mitte Jan. und Mitte Febr., drei Tage); 30. April (Vereinigungstag, 1975); 1. Mai; 19. Mai (Geburtstag Ho Chi Minhs, 1890); 2. September (Unabhängigkeitstag, 1945); 3. September (offizielle Feier des Todestags Ho Chi Minhs). An diesen Tagen sind Banken und Ämter zu, die meisten Läden aber offen. An *tet* sind selbst private Restaurants zu.

Flughafengebühr

Bei internationalem Abflug ab Hanoi oder Ho-Chi-Minh-Stadt 14 US$.

Fotografieren

Außer bei militärischen Einrichtungen haben Fotografen kaum Schwierigkeiten. Wollen Sie Porträts aufnehmen, gebietet es die Höflichkeit, vorher das Einverständnis einzuholen. Normale Filme gibt es in größeren Orten. Speicherchips sind ebenfalls erhältlich.

Sprache und Namen

Die vietnamesische Sprache besteht aus einer Aneinanderreihung einzelner Silben, die in der Regel für sich eine Bedeutung tragen; manchmal werden auch zwei Silben benötigt, um ein Ding zu beschreiben: z.B. heißt *nha* Haus, *nha hat* Theater. Bei einigen aus Fremdsprachen übernommenen Begriffen folgt man der Lautung: *ca phe* ist Kaffee. Die Silben können in bis zu sechs verschiedenen Tonhöhen gesprochen werden und ändern dabei jedesmal ihre Bedeutung. Die einfache Silbe *ga* bedeutet so Bahnhof, Huhn, verpfänden, Bursche oder verführen. Welche Tonhöhe gemeint ist, gibt man in der Schrift durch Tonzeichen über oder unter den Vokalen an.

Der Einfluss des Chinesischen auf die vietnamesische Sprache ist sehr groß, v. a. Kantonesisch ist in vielerlei Hinsicht ähnlich. Auch die erste vietnamesische Schrift, das *chu nom,* basierte auf der chinesischen Zeichenschrift. Die französischen Missionare setzten alles daran, eine Umschrift der Zeichen auf Basis des lateinischen Alpha-

Geld und Währung

Der vietnamesische Dong (d) darf weder ein- noch ausgeführt werden. Derzeit gibt es Banknoten im Wert von 200, 500, 1000, 2000, 5000, 10 000, 20 000, 50 000, 100 000 und 500 000 Dong sowie Münzen im Wert von 200, 1000 und 5000 Dong.

Wichtigste Fremdwährung ist der US$. Banken tauschen Reiseschecks und Bargeld, in Hanoi und Saigon auch andere Währungen. Größere Filialen verfügen über Geldautomaten (ATM), die auch EC-Karten akzeptieren (nur mit PIN, hohe Gebühr!). Nehmen Sie unbedingt US$ in bar mit (nur saubere, unbeschädigte Scheine!). Lassen Sie sich auch kleine Einheiten geben, denn in abgelegenen Gebieten gibt es oft kein Wechselgeld. Touristen müssen Flugscheine, Bahnfahrkarten, Mietwagen und Hotels in US$ bezahlen – und auch sonst sind, v. a. im Süden, US$ sehr beliebt.

bets zu erreichen. Besonders verdient machte sich Alexandre de Rhodes, der 1651 ein Wörterbuch herausgab und als Vater der heute allgemein verbreiteten Schrift, des *quoc ngu,* gilt. Sie besteht aus 22 lateinischen und einer ganzen Reihe zusätzlicher, leicht abgewandelter Buchstaben (z. B. Đ), die aber nicht immer so wie im Deutschen ausgesprochen werden. Die vielen diakritischen Zeichen geben Aufschluss über die Aussprache; da diese für den ausländischen Touristen ohnehin zu schwierig ist, wurden die Zeichen der Lesbarkeit wegen in diesem Reiseführer weggelassen. Mit Ausnahme von Saigon und Hanoi, den im Deutschen geläufigen Städtenamen, folgt die Schreibweise den vietnamesischen Silben.

Die korrekte Anrede eines Gegenübers ist so kompliziert, dass selbst die modernen Vietnamesen sie kaum noch vollständig beherrschen, denn sie berücksichtigt das Geschlecht, das Alter und die soziale Stellung beider Personen. Ausländern werden Fehler daher leicht verziehen. Sich selbst bezeichnet man in der Regel als *toi* (ich), während man Männer im Alter von 30 bis 60 mit *ong* anredet, gleich alte Frauen mit *ba.* Eine Du-Form unter Freunden ist für Frauen und Männer *ban.* Sie können die Anrede aber auch zugunsten der Höflichkeitsfloskel *xin* (bitte) weglassen und mit einem *xin loi* (Entschuldigen Sie bitte) die Aufmerksamkeit in Läden oder Restaurants auf sich ziehen. Guten Tag heißt *xin chao,* Auf Wiedersehen *tam biet,* danke *cam on.*

Der Familienname wird immer vorangestellt, ihm folgen die persönlichen Namen, in der Regel zwei. Der mittlere Name ist oft ein Generationenname, den die Eltern allen ihren Kindern, ob männlich oder weiblich, verleihen. Der eigentliche persönliche Name ist also der letzte. Mit ihm spricht man sich auch gegenseitig an, und zwar ohne weitere Anrede. Ein Vietnamese wird sich Ihnen demnach mit diesem persönlichen Vornamen vorstellen. Im Umgang mit Ausländern hat es sich inzwischen eingebürgert, diesem Namen die entsprechende Anrede (Mr., Mrs.) voranzustellen.

Kreditkarten finden immer mehr Verwendung, v. a. in Hotels und Restaurants mit internationalem Publikum und in großen Städten. In Läden stehen die Chancen weniger gut.

Gesundheitsvorsorge

Impfungen sind nicht vorgeschrieben (Tetanus- und Polioimpfschutz sollten aber noch wirksam sein).

Vietnam ist ein anstrengendes Reiseland, für das eine gute körperliche Verfassung nötig ist. Hohe Luftfeuchte und große Hitze erfordern genügend Flüssigkeitsaufnahme. Verunreinigtes Trinkwasser und andere Reinheitsprobleme führen gelegentlich zu Cholera oder Typhus bei Einheimischen. Leitungswasser ist absolut tabu – es gibt überall abgefülltes Trinkwasser. Eiswürfel in Getränken und Speiseeis sollten Sie ebenfalls meiden.

Ein Problem in abgelegenen Regionen (weniger in den Großstädten und an der Küste) ist die Malaria, da es seit Einsatz der US-Armee praktisch keine wirksame Prophylaxe mehr gibt. Erkundigen Sie sich beim Tropeninstitut oder unter www.fit-for-travel.de und nehmen Sie Behandlungsmittel mit. Schützen Sie sich in der Dämmerung durch bedeckende Kleidung und Insektenschutzmittel, schlafen Sie unter Moskitonetzen, wo dies erforderlich ist. Die Inkubationszeit kann sehr lang sein. Wenn Sie also, auch Monate nach der Rückkehr, ungeklärtes Fieber bekommen: Malariatest!

Ärztliche Behandlungen sind in der Regel schwierig; es fehlt an Medikamenten und Apparaten. Nehmen Sie also Medikamente, die Sie regelmäßig brauchen, in ausreichender Menge mit. In die Reiseapotheke gehören Mittel gegen Malaria, Schmerzmittel, Elektrolyte (bei Durchfallerkrankungen), Wund- und Brandsalbe, eine Salbe gegen Prellungen, Zerrungen und Verstauchungen, Desinfektionsmittel, Heftpflaster und Verbandszeug; ganz Vorsichtige nehmen auch sterile Einmalspritzen mit.

Falls unterwegs eine Behandlung nötig sein sollte, wenden Sie sich an Ihren Reiseleiter oder Ihr Hotel, die einen Arzt vermitteln können. Bei schweren Fällen sollten Sie die Ausreise zumindest nach Singapur, Hongkong oder Bangkok ins Auge fassen.

Seit 2003 gibt es in Vietnam immer wieder Fälle von Vogelgrippe, die auch für Menschen tödlich sein kann. Meiden Sie daher besser Märkte mit Lebendvieh.

Informationen

Derzeit gibt es im deutschsprachigen Raum kein Fremdenverkehrsamt. Informationen gibt Indochina Services, Enzianstraße 4a, 82319 Starnberg, Tel. 0 81 51/77 02 22, Fax 77 02 29, www.indochina-services.com.

Die Botschaft ist nicht sehr auskunftsfreudig.

Öffnungszeiten

- **Banken:** Mo–Fr, meist 7.30–11.30 und 13.30–15.30 Uhr.
- **Post:** meist tgl. 7.30–19 Uhr, in kleineren Orten oft Mittagspause und kürzer.
- **Museen:** meist 8–16 Uhr (manchmal mit zweistündiger Mittagspause), montags geschlossen.
- **Läden:** keine Regelung. Die meisten Läden öffnen täglich früh am Morgen und schließen bei Sonnenuntergang, in den Großstädten oft erst gegen 20 oder 21 Uhr.

Internet

Internet-Cafés mit günstigen Tarifen gibt es in jedem größeren Ort. Teilweise sind die Verbindungen noch langsam.

Post und Telefon

Auslandspost ist im Vergleich zur Inlandspost recht teuer, oft werden statt Briefmarken Freistempelmaschinen verwendet. Marken bekommen Sie im Postamt. Eine Karte nach Europa braucht etwa 10 Tage.

Auslandstelefongespräche müssen vermittelt werden, was in den großen Postämtern dank Satellitenverbindung sehr schnell geht. Drei Minuten nach Westeuropa kosten etwa 10 US$. Die Hotels berechnen mehr.

Internationale Vorwahlen: Deutschland 00 49, Österreich 00 43, Schweiz 00 41.

Vietnam hat die Landesvorwahl 00 84. Wer von Europa anruft, muss die 0 weglassen und die Ortsnetzkennzahl sowie die Teilnehmernummer anfügen.

Für Gespräche innerhalb des Landes stehen immer mehr Telefonzellen zur Verfügung. Telefonkarten gibt es in den Postämtern.

Das Handy mitzunehmen lohnt sich derzeit nur für D1-Kunden, die ihre deutsche SIM Card nutzen können oder preiswerter jene des D1-Partners Vinaphone. Aktuelle Informationen über die Roaming-Abkommen unter www.gsmworld.com.

Sicherheit

Im Prinzip ist Vietnam ein sicheres Reiseland, doch leider steigt auch hier die Kriminalitätsrate. Lassen Sie Schmuck zuhause und achten Sie, besonders in Menschenmengen, auf Ihre Wertsachen. Die Nachtclub- und Diskoszene dient in erheblichem Maße der Anbahnung von Prostitution und ist weitgehend unter Kontrolle der Organisierten Kriminalität, zu der auch Teile der Polizei gehören. Aktuelle Infos unter www.auswaertiges-amt.de (D); www.bmaa.gv.at (A); www.eda.admin.ch (CH).

Trinkgeld

In kleinen Lokalen erwartet man kein Tipping, ansonsten freuen sich die Hotel- und Restaurantangestellten über ein paar Scheine. Bei Reiseleitern und Fahrern sind 1 US$ pro Reisetag angebracht.

Zeit

In Vietnam gilt: Mitteleuropäische Zeit (MEZ) plus sechs Stunden, während der europäischen Sommerzeit plus fünf Stunden.

Zeitungen

Die englischsprachigen vietnamesischen Zeitungen und Zeitschriften wie *Vietnam Economic Times* richten sich v. a. an Geschäftsleute, haben aber auch Tipps zu neuen Restaurants, Kneipen u. Ä. Einige internationale Magazine, meist englischsprachig, sind an Kiosken erhältlich. V. a. in Saigon bieten Straßenhändler frisch gebügelte Blätter aus Flugzeugen an.

Zoll

Vgl. Ein- und Ausreise. Zollfrei einführen darf man neben Gegenständen des persönlichen Bedarfs 1 l Alkohol, 400 Zigaretten oder 50 Zigarren oder 250 g Tabak. Die Ausfuhr von Antiquitäten ist nur mit Genehmigung erlaubt. Ansonsten sind die Zollfreigrenzen bei Wiedereinreise im Heimatland zu beachten. Für Deutschland, Österreich und die Schweiz gilt: 1 l Hochprozentiges oder 2 l Wein, 200 Zigaretten oder 50 Zigarren oder 250 g Tabak, Geschenke bis 175 € bzw. 200 sfr.

Nach dem Washingtoner Artenschutzabkommen ist die Einfuhr von Waren verboten, die aus geschützten Tieren hergestellt sind. Dazu zählen Elfenbein, Schlangenleder, Schildpatt u. Ä. Solche Gegenstände werden konfisziert, es drohen empfindliche Strafen.

Langenscheidt Mini-Dolmetscher

Allgemeines

Guten Tag / Hallo	Xin chàu [ßin tschau]
Wie geht's?	Anh (m.) / chị (w.) có khỏe không? [an / tschi goh choä chongm]
Danke, gut.	Khỏe, cảm ơn. [choä, kam əhn]
Ich heiße ...	Tôi tên là ... [doi den la ...]
Auf Wiedersehen.	Tạm biêt. [dạm biet]
Morgen	buổi sáng [buọi schang]
Mittag	buổi trưa [buọi tschua]
Nachmittag	buổi chiều [buọi tschju]
Abend	buổi tối [buoi doi]
Nacht	đêm [dem]
morgen	ngày-mai [ngai mai]
heute	hôm-nay [hom nai]
gestern	hôm-qua [hom kwa]
Sprechen Sie ...	Anh (m.) / chị (w.) có nói ... không? [an / tschi goh noi ... chongm]
Deutsch	tiếng Đức [tiäng dəg]
Englisch	tiếng Anh [tiäng an]
Wie bitte?	Xin lỗi? [ßin lo·oi]
Ich verstehe nicht.	Tôi không hiểu. [doi chongm hiuh]
Sagen Sie es bitte nochmals!	Xin nhắc lai [ßin njak lei]
..., bitte	...xin / mời [ßin / məi]
Danke	cảm ơn [kam əhn]
Keine Ursache.	Không dám. [chongm sam]
was / wer	gì / ai [ji / ei]
welcher	nào [nao]
wo / wohin	ở đâu / đi đâu [əhdəu / didəu]
wie / wie viel	làm sao / bao-nhiêu [lam sao / bao njuh]
wann / wie lange	bao giờ / bao lâu [bao səh / bao ləu]
warum?	tại-sao? [dai sao]
Wie heißt das?	Cái này tên là gì [kai nai den la si]
Wo ist ...?	... ở đâu? [əhdəu]
Können Sie mir helfen?	Xin giúp tôi ? [ßin sub doi]
ja	vâng [wang]
nein	không [chongm]
Entschuldigen Sie.	Xin lỗi. [ßin lo·oi]
Das macht nichts.	Không có chi / gì [chongm goh tschi / ji]

Sightseeing

Gibt es hier eine Touristeninformation?	Ở đây có phòng du lich không? [əh daj go fongm su lig chongm)
Haben Sie ...?	Ông (m.) có ... khong? [ọngm goh ... chongm]
... einen Stadtplan	bản đồ thành phố [ban do thanh fo]
... ein Hotelverzeichnis	danh sách khách sạn [sanh sak chak san]
Wann ist ...	Mấy giờ ... [məi səh ...]
... geöffnet / geschlossen?	... mở của / đóng của? [mạh kəa / dongm kəa)
das Museum / der Tempel / die Ausstellung	thi viện-bảo-tàng / đền / cuộc triển lấm [thi wiän bao tang / den / kuok tschien lam)

Shopping

Wo gibt es...?	... ở đâu có? [əh dəu goh]
Wie viel kostet das?	Cái nầy giá bao-nhiêu? [gei nai sa bau nju]
Das ist zu teuer!	Đắt quá! [dət kwa]
Das gefällt mir (nicht)	Tôi (không) thịch cái ấy [doi (chongm) tig gei ei]
Gibt es das in einer anderen Farbe (Größe)?	Cái này có màu khác (cỡ khác) không? [gei nai goh mau chag (gə·ə chag) chongm]
Ich nehme es!	Tôi lấy cái này! [doi lei gai nai]
Wo ist eine Bank?	Ngân-hàng ở-đâu? [Ngan hang əhdəu]
Geben Sie mir 100 g Käse / zwei Kilo Orangen	Cho tôi một trăm gam phó-mát / hai ki-lo-gam cam [tscho doi mot tscham gam fomat / hai kilogam gam]
Haben Sie deutsche Zeitungen?	Ông (m.) có báo bằng tiếng Đức không? [Ongm goh bao bang tiäng dəg chongm]
Wo kann ich telefonieren?	Gọi điện thoại ở-dâu? [Goi dien thoai əhdəu]
... eine Telefonkarte kaufen?	... mua the ở-dâu? [mua thä əhdəu]

Notfälle

Ich brauche einen Arzt / Zahnarzt.	Tôi cần đến bác-sĩ / nha sĩ. [doi gən den bak schi·i / nja schi·i]
Rufen Sie bitte ...	Xin ông (m.) goi giúp cho [ßin ongm goi sub tscho]

... einen Krankenwagen / die Polizei	... một xe câp-cứu / cảnh sát [mot ße gab kə·ə / gan sat]
Wir hatten einen Unfall.	Chúng tôi bị tai-nan. [tschung doi bi dai nan]
Wo ist das nächste Polizeirevier?	Sở công-an gần nhất ở-dâu? [ßəh gongm an gan njat əhdəu]
Ich bin bestohlen worden.	Tôi bị mât trộm / mât cắp [doi bi mad tschom / mad gab]
Toilette (Damen / Herren)	vệ sinh [wä sin] nữ / nam [nu / nam]

Essen und Trinken

Die Speisekarte, bitte!	Xin cho tôi xem thực-đơn! [ßin tscho toi ßem thəg dən]
Brot	bánh mì [ban mi]
Kaffee	cà-phê [gafeh]
Tee	nước-trà *(Süden)*; nước-chè *(Norden)* [nuək-tscha / nuək tschä]
mit Milch / Zucker / Eis	sữa / đường / đá [schu·a / duəng / da]
Orangensaft	nước cam [nuək gam]
Mehr Kaffee, bitte!	Xin cho thêm cà-phê! [ßin tscho thehm gafeh]
Suppe	canh / xúp [ganh / ßup]
Fisch / Meeresfrüchte	cá / đồ biên [ga / do bien]
Fleisch/ Geflügel	thịt / gà vịt [thit / ga wit]
Beilage	món ăn kèm [mon ən kem]
vegetarische Gerichte	cơm chay [gəm tschai]
Eier	trứng [tschungm]
Salat	xà-lách [ßalag]
Dessert	đô-tráng-miệng [do tschang mieng]
Obst	trái cây *(Süden)*; hoa quả *(Norden)* [tschai gai / hoa kwa]
Speiseeis	kem [gehm]
Wein	rượu / rượu vang [ruəu / ruəu wang]
rot / weiß	đỏ / trắng [do / tschəng]
Bier	bia [bia]
Aperitif	rượu khai vị [ruəu chai wi]
Wasser	nước [nuək]
Mineralwasser	nước suối / nước khoáng [nuək suoi / nuək choangm]
mit / ohne Kohlensäure	có ga / không ga [goh ga / chongm ga]
Limonade	nước chanh [nuək tschan]
Frühstück	bữa-ăn-sáng [bu·ə ən sangm]
Mittagessen	bữa-ăn-trưa [bu·ə ən tschəa]
Abendessen	bữa-ăn-chiều [bu·ə ən tschiu]
eine Kleinigkeit	bữa ăn phu [bu·ə ən fu]
Ich möchte bezahlen	Tính tiền [din tien]
Es war sehr gut / nicht so gut	Thức ăn ngon lắm / không ngon lắm [thəg ən ngon lam / chongm ngon lam]

Im Hotel

Ich suche ein gutes (nicht zu teures) Hotel	Tôi tìm một khách sạn tốt (rẻ tiền) [doi dim mot chak san dot (rä tien)]
Ich habe ein Zimmer reserviert	Tôi đã đặt trước một phòng. [doi da·a dət tschəog mot fongm]
Ich suche ein Zimmer für ... Personen.	Tôi tím một phòng cho ... nguoi! [doi dim mot fongm tscho ... ngəoi]
Mit Dusche und Toilette.	Có vòi tắm và nhà vệ sinh. [goh woi tahm wa nja wä sin]
Mit Balkon / Blick aufs Meer.	Có ban-công / nhìn ra biển. [goh ban congm / nin ra bien]
Wie viel kostet das Zimmer pro Nacht?	Phòng này mỗi đêm bao nhiêu? [fongm nai mə·i dem bau nju]
Mit Frühstück?	Có bữa ăn sáng? [goh bu·a ən sangm]
Kann ich das Zimmer sehen?	Tôi có thể xem phòng được không? [doi goh thä ßem fongm duək chongm]
Haben Sie ein anderes Zimmer?	Có phòng khác không? [goh fongm chak chongm]
Das Zimmer gefällt mir (nicht)	Tôi (không) thích phòng này [doi (chongm) tik fongm naj]
Kann ich mit Kreditkarte bezahlen?	Tôi có thể trả tiền bằng thẻ tín dụng được không? [doi goh thä tscha tien bang thej din sungm duək chongm]
Wo kann ich parken?	Tôi có thể đậu xe ở-đâu? [doi goh thä dau ße əhdəu]
Können Sie das Gepäck auf mein Zimmer bringen?	Ông (m.) có thể mang hành lý lên phòng của tôi được không? [Ongm goh thä mang hanh li len fongm kwa doi duəg chongm]

Orts- und Sachregister

Personenregister und Götter

Urlaubskasse

Tasse Kaffee	0,30–2,50 €
Softdrink	0,80–1,80 €
gekühlte Kokosnuss	ca. 0,50 €
Glas Bier	0,80–2 €
Nudelsuppe	0,50–1 €
Taxifahrt (Kurzstrecke, ca. 5 km)	2,50–3 €
Mietwagen mit Fahrer/Tag	ab 40 €
Guide pro Tag	15 €

Alle Informationen stammen aus zuverlässigen Quellen und wurden sorgfältig geprüft. Für ihre Vollständigkeit und Richtigkeit können wir jedoch keine Haftung übernehmen.
Ergänzende Anregungen bitten wir zu richten an:
Polyglott Verlag, Redaktion, Postfach 40 11 20, 80711 München.
E-Mail: redaktion@polyglott.de

Impressum

Herausgeber: Polyglott-Redaktion
Autor: Franz-Josef Krücker
Lektorat: Gudrun Rücker
Layout: Ute Weber, Geretsried
Titelkonzept-Design: Studio Schübel Werbeagentur GmbH, München
Satz Special: Ute Weber, Geretsried
Karten und Pläne: Annette Buchhaupt
Satz: Schulz Bild + Text, Dagebüll

PT 06J2

Komplett aktualisierte Auflage 2006/2007

Printed in Germany
Dieses Buch wurde auf chlorfrei gebleichtem Papier gedruckt.
ISBN-13: 978-3-493-56931-5
ISBN-10: 3-493-56931-9